미리벌 향기 · 1

이 두 애 에세이

홍 익 출 판 사

책머리에

이 책은 저의 첫 번째 산문집입니다. 일상생활의 잔잔한 체험을 주제로 모아둔 작품과 미리벌 신문 및 지역 신문에 실었던 내용을 추가하여 엮어 보았습니다. 책을 만든다는 것이 부담되고 부끄러웠습니다. 하지만 시간이 많이 흐른 뒤에는 미리벌 향기 이야기들이 희미해짐을 아쉬워해 용기를 내어 만들어 보았습니다. 어쩜 미래의 작품 활동을 하기 위한 준비 단계인지도 모르겠습니다. 그러니 저의 작은 욕심을 담아 보고 싶었습니다.
신문에 실려진 글들에는 행사부분, 사실성이 많이 표현된 탓인지 문학성이 다소 떨어지는 부분이 많습니다. 비록 서툴고 마음을 울리는 글이 되지 못한다 하더라도 너그럽게 보아 주십시오.
다음에는 더욱 소중한 독자들의 마음을 다독이는 글, 여운이 남는 글 많이 쓰겠습니다.

미리벌 향기는 밀양이야기, 향기나는 이야기, 사랑이야기를 다루었습니다. 밀양이야기는 2년 동안 밀양에서 일어난 크고 작은 일들을 언급했습니다. 향기나는 이야기는 자연의 변화에 대한 아름다움을 이야기했으며, 사랑이야기에는 어머니, 가족의 이야기를 담았습니다.

언제부터 저도 글을 쓰기위한 준비를 시작했습니다. 꽃을 보아도 말을 걸어보는 버릇이 생겼습니다. 어디를 가도 메모해 두는 습관이 생겼습니다. 아름다운 경치를 만나면 사진을 찍습니다. 저의 가방 속에는 작은 시집 한 권과 카메라, 수첩이 항상 들어 있습니다. 어떤 사물에도 생기를 불어넣어 글로 표현해 전해보고 싶었습니다. 내 글 속에는 밀양을 사랑하고 관심 있게 바라보는 마음이 들어 있습니다. 건강마라톤을 취미로 즐겨해 가까운 지역 마라톤을 다니고 있습니다. 그리고 언제나 나의 울타리가 되어주신 어머니, 가족의 사랑을 확인해 보았습니다.

글을 쓰면서 이런 생각을 많이 했습니다. 건강이 뒷받침 되지 않으면 아무것도 할 수 없다는 사실입니다. 여행하며 좋은 추억도 만들지 못합니다. 나의 건강을 챙겨보는 시간을 주기도 했습니다. 글속에 자주 모셨던 어머니는 저의 정신적 지주이십니다.

글을 쓰는 시간은 자정을 넘겨야 잘 떠오르는 것 같습니다. 길거리의 발자국소리, 창문을 두드리는 바람소리, 가족들이 잠자면서 내는 숨소리를 들으면 새로운 생각으로 원고지가 채워집니다. 더욱 깊은 시간에 빠져들면 이런 소리들도 들을 수 있습니다. 신문배달 아주머니가 현관 투입구에 신문 넣는 소리, 조금 있으면 우유 넣는 소리, 잠시 후 절에서 울리는 새벽기도 종소리를 들으면 다시 생각에 빠져 듭니다. 부지런하고 열심히 살아가는 사람을 보니 가슴이 뭉클해지며 많이 배웁니다. 새벽을 알리는 사람들의 소리를 들으면 나 자신이 부끄럽고 작아 보입니다. 삶은 최선을 다해야 진정 아름다워 보이는 것을 알게 했습니다.

앞으로 향토문인으로서 우리 지역의 아름다운 이야기를 빠뜨리지 않고 기록해 보겠습니다. 항상 배우는 자세로 작품 활동을 하겠습니다. 글을 씀으로 나 자신이 즐겁고 읽는 사람에게도 조금이나마 공감과 위안이 되는 글이 되도록 넓게 바라보겠습니다.

사랑을 담을 수 있는 마음으로 살며, 향기나는 글이 되도록 더욱 노력하겠습니다.

끝으로 축하의 글을 보내주신 존경하는 이우걸시인님, 멋쟁이 엄용수밀양시장님, 윤정일한국예총밀양지회장님, 밀양문인협회최인석회장님 감사드립니다. 그리고 사진을 선물해주신 손제문 사진작가님 정말 고맙습니다.

감사합니다.

2009년 10월

이 두 애

차 례

1부 밀양

2부 향기

2부 향기

3부 사랑

손제문 作.

1부 밀양

동남권 신공항

밀양 곳곳에 가장 많이 눈에 띄는 한 줄의 희망 메시지. "동남권 신공항은 밀양이 최적지" 보는 이로 하여금 도시가 활력이 넘치고 희망에 부풀어 있다. 동남권 신공항 입지선정을 앞두고 부산지역 언론사에서 입지선정이 내년 지방선거 이후로 연기될 것이라고 보도하자 국토해양부와 국토연구원이 당초 계획대로 추진할 것이라고 얼마 전 밝혔다. 동남권 신공항 타당성 조사용역은 9월 완료예정으로 정상적으로 추진되고 있다. 비용편익 분석을 위한 항공

수요 검증 및 공사비 정밀산정을 하고 있는 것으로 밝혀졌다. '동남권 신공항은 밀양이 최적지!'로 선정되기를 바라는 마음뿐이다.

밀양시는 지난달에 부산시의 동남권 신공항 도내 유치 홍보활동을 비판하는 기자회견을 하였다. '정부의 객관적이고 투명한 입지 최종 선정결과를 겸허히 수용할 것'이라며, 지자체간의 소모적인 논쟁으로 사업이 지연되거나 차질을 빚어서는 안 될 것이라고 주장하였다. 신공항 입지를 놓고 밀양시민 모두가 염원하고 희망하는 동남권 신공항은 아주 중요한 대형국책사업이다. 녹색성장시대, 대형국책사업과 연계한 동남권 밀양발전, 문화관광개발 전략을 주제로 한국관광학계 석학을 초청하여 미리벌 신문사에서 주최한 심포지엄이 있었다. 이 행사는 새로운 변화를 행동으로 보여주는 현장이었다. 미리벌 신문사와 주관한 밀양문화관광연구소에 감사를 드린다. 참석한 시민을 비롯해 밀양시장, 국회의원, 기관단체장이 한 자리에 모여 밀양의 관심사를 전략하는 계기가 되었다. 아울러 신공항건설의 필요성을 실감케 했다.

2006년 노무현 대통령의 동남권 신공항 공식검토 발언부터 시작해, 2007년 2월에는 부산, 대구, 울산, 경북, 경남 상공회의소에서 '동남권 신국제공항 추진협의회발대식' 및 토론회, 주제발표, 정책토론회 등이 여러 차례 이어지고 있다. 신국제공항 후보지 중 밀양지역이 가장 적지로 조사되었다. 이슈분석보고서에 따르면 밀양지역은 6개 평가항목 중 5개 부문에서 양호한 것으로 조사돼 신공항 후보지 7곳 중 입지 타당성이 가장 좋은 것으로 나타났다.

동남권 신국제공항 건설의 최적지를 분석한 결과 밀양이 약 500만평 정도의 부지를 확보할 수 있고, 자연환경이나

주변 지역과의 조화 등에서 유리하고, 환경피해를 최소화시킬 수 있는 등 최적의 조건을 갖춘 것으로 나타났다.

소요재원에서도 개략적으로 환산한 결과 7조원이 필요한 지역에 반해 밀양은 4조 5천억 원이 소요될 것으로 예상된다고 한다. 특히 국제공항의 승패를 가름하는 것은 '공항수요'라고 전제하면 밀양은 1천만 명 이상의 인구가 30분대에 접근할 수 있는 곳이다. 이 같은 입지는 세계적으로 유례가 없다고 조사되었다. 몇 년 동안의 비교 검토결과 국책사업에 허점이 드러나지 않았으면 한다. 밀양이든 부산이든 국제적 도시로서의 관문 역할을 할 수 있는 신공항이 건설되어야 할 것이다.

밀양시민으로 살면서 동남권 신공항이 밀양에 입지하기를 바란다. 이 시점에 우리 밀양을 공부하고 관심가질 수 있어 의미가 새롭다. 언젠가 공항이 들어설 하남주변을 둘러보고 온 적이 있다. 향후 10년 후에 달라진 밀양을 상상해보며 잘 사는 밀양, 아름다운 밀양, 문화 관광도시의 한 차원 높은 국제적 이미지로 바뀐 모습을 그려보았다. 작은 도시가 아닌 국제도시로서의 제 2관문 역할을 할 것이다. 신공항입지는 기업하기 좋은 도시, 잘 사는 도시를 앞당기는 원동력이다. 국제적 관광도시로 손색이 없어야 한다. 다행히도 동남권 신공항의 타당성 평가에서 유리하고 경제성 있고 타당한 매력 도시로 압축되어 긴장된다. 문화, 예술이 흐르는 도시, 세계적 도시가 된 동남권 신국제공항이 들어선 밀양의 모습을 기대해 본다.

밀양아리랑 마라톤

밀양아리랑 마라톤 대회가 제6회를 맞이하였다. 해마다 2월의 마지막 주 일요일에 대회가 열린다. 전국에서 봄기운을 처음으로 느끼면서 달릴 수 있는 대회라 마라토너들에게 인기가 있는 대회이다. 올해는 동남권 신국제공항 유치 염원의 슬로건을 걸고 밀양을 전국에 알렸다.

2004년 밀양아리랑 마라톤을 시작으로 가까운 경남지역의 마라톤 대회에 참가를 종종하고 있다. 대회마다 기념품 수집에도 관심이 있고, 무엇보다 페이스메이커들의 멋진 폼과

정신을 보기 위함이다. 마라톤을 빛나게 하는데 으뜸으로 페이스메이커가 꼽힌다. 우리 가족은 단체명으로 가입해 밀양 뿐 아니라 타 지역마라톤에도 참가하고 그 지역의 관광명소를 구경하고 돌아온다. 봄비가 내리는 날씨였지만 마라토너들은 연중계획으로 잡아두었기 때문에 쉽게 포기하지 않고 달린다. 아마 프로의 정신이 없다면 마라톤을 할 수가 없을 것이다. 비를 맞으면서 달리는 기분도 경이롭다. 날씨가 쌀쌀해도 마라토너들은 짧은 바지에 민소매 상의를 착용한다. 역시 멋있는 모습이다. 역대 가장 멋있는 선수는 1936년 제11회 베를린 올림픽대회의 세계신기록 보유자 한국인 손기정 선수 일 것이다.

풀코스(42.195km)는 인내력을 요구하는 달리기이다. '인생은 마라톤이다'를 가장 실감케 한다. 하프, 10km, 5km

경기를 끝낸 선수들이 지켜보고 응원 해준다. 완주의 기쁨은 뛰지 않고는 뭐라 말할 수 없다. 완주는 자신과의 약속이다. 평소 차가 달리는 도로를 질주 할 수 있는 기분은 이루 말할 수 없다. 마라톤을 애호하는 매력이 여기에도 있지 않을까! 대회 중에 이색적인 두 장면이 있었다. 응급 의약품을 지참해 완주를 위해 달리는 주자들과 같이 달리면서 응급처치 해주고, 무리한 달리기를 못하게 조언 해주는 레이스페트롤의 활약이었다. 또 하나는 대회장께서 비옷을 입고 마지막 힘든 코스 지점에서 달리미들에게 힘을 불어 넣어 주는 구호를 한 사람, 한 사람 모두에게 응원 해 주었다. 격려와 용기가 달리미들에게 큰 힘이 되었을 것이다.

세계적으로 인기 있는 대회는 10km 대회라 한다. 빠른 주자는 30분 남짓, 늦은 주자라도 1시간 남짓이면 가능하기 때문에 달리기에 관심이 있는 사람은 가볍게 완주 할 수 있는 거리이다. 자신의 페이스를 유지하고 꾸준히 달리면 뒤쳐진 주자들을 따라 잡을 기회도 생긴다. 다른 주자를 따라 잡는 즐거움은 달리기만의 즐거움이며, 마라톤 선수들에게 스피드 경쟁을 펼칠 수 있는 거리이다. 그래서 초보 달림이라도 시간과 완주 어느 쪽을 목표로 해도 좋다고 한다. 단축마라톤으로 단련된 근육들은 하프와 풀코스를 달릴 수 있는 토대가 된다.

마라톤 대회는 많은 준비 과정과 시간을 필요로 한다. 매 대회마다 밀양을 크게 알리는 효과가 있는 행사이다. 동시에 밀양의 문화관광 명소도 알리며 이미지를 전국적으로 홍보하는 계기가 된다. 우리 시를 찾아온 손님에게 밀양 마라톤 하면 '다시 달리고 싶은 곳' 하는 마음이 들도록 여러 가지 요건들을 갖추어 놓고, 손님을 맞이하는 지혜도 필요하다. 이젠 중요한 축제가 되었다. 자원 봉사단체 및 자원 봉사요원에게도 박수를 보내고 싶다. 올해는 신공항 유치를 염원하는 시민들의 마음이 하나 되어 치러졌다. 꼭 국제공항이 밀양에 입지하기를 바란다.

밀양의 이미지

세계적으로 경제 한파를 실감케 하고 있는 시기이다. 모두가 어렵고 힘들다. 서로 돕지 않으면 안 된다. 우리 밀양시는 아름다운 도시이다. 문화와 학문의 도시 예절을 숭상하고 천혜의 자연을 가졌다고 이름 나 있다.

요즈음 어수선한 분위기에 시민으로서 불안감과 안타까움을 느낀다. 밀양시장 주민소환제로 떠들썩해 경제적 시간적 손실을 초래할까봐 염려된다. 진행되고 있는 밀양시장의 주민소환은 산외면 다원의 전원주택건설, 단장면 미촌리 국제영어마을 조성사업, 해천복원사업, 도서관, 문화원 건물의 철거에 따른 주민반발 등 4가지를 청구이유로 들고 있다. 창원지방법원 밀양지원에 "문화원 건물철거금지가처분" 신청이 제기되어 두 차례 심사를 거쳐 12월 2일 신청을 제기한 유족 측에 "채권자등의 신청은 이유 없으므로 모두 기각한다"는 판결이 내려졌다. 다시 말해 문화원 철거 금지 가처분 소송 "이유 없다"는 내용이다. 밀양시는 일을 추진하고 있고, 밀양의 자랑인 전통문화를 보존하기 위해 1999년 9월부터 영남루 주변 환경복원 정비계획을 문화재청과 경상남도의 승인을 받아 2003년부터 추진해오고 있다. 그런데 일부 주민의 반발로 지역발전을 기대하기가 어려워진다면 밀양의 좋은 이미지는 어디에서 찾겠는가! 영남루 주변 정비 사업으로 관아복원, 밀양읍성 및 동문복원, 남문복원이 마무리되면 한 눈에 들어오는 밀양의 이미지가 그려질 것 같다. 시대의 흐름에 따라 변하지 않는 것은 없는데 정비 후에도 역사성과 정신은 그 자리에 길이 남게 되며 정신적 유산가치가 더해질 것이다.

밀양의 발전은 주민 및 문중의 반대로 인해 침체된 부분이 많다. 부산대 밀양캠퍼스, 교육청, 경찰서 이전 후로 시장 경제며 시민들의 불편이 이만저만 아니다. 시장 상인들은 장사가 되지 않는다고 울상이다. 기업하기 좋은 도시. 성장하는 밀양을 만들려면 변해야 한다. 변화를 받아들일 줄 아는 지혜가 필요하다. 밀양경제가 살지 않는 이유도 변화를 두려워하고 있는 보수적인 일부 생각 때문이다. 하루 빨리 버려야 한다. 인구 유입을 위해 산업단지를 조성하고 1차 산업뿐 아니라 2, 3차 산업까지도 과감히 추진해야 한다. 그래서 어처구니없는 밀양시장 주민소환제는 우리 밀양의 이미지를 버려놓는 부끄러운 일이라 여겨진다. 침체되고 낙후된 밀양을 빨리 바꾸는 방법만이 밀양시가 해야 될 숙원이고 시민들은 공직자가 소신을 가지고 일할 수 있도록 질책해 주어야 한다. 밀양시와 시민이 부디 한 마음이 되어 아까운 시간을 낭비하지 말아야겠다.

영남루는 밀양의 상징 보물 대표 문화재인 제147호이다. 한국을 대표하는 누정이다. 영남루 주변 환경복원 정비 사업은 분명 지역경제 활성화에 큰 몫을 할 것이다. 문화유적의 산 교육장, 시민의 휴식 공간 제공, 관광명소로 관광객유지, 깨끗한 도시이미지 조성으로 계승발전 시키고 보존해 나갈 것이다. 전통문화와 충효예절을 숭상하는 유서 깊은 학문의 고장. 도시 이미지를 찾아오는 관광객뿐만 아니라, 밀양을 사랑하는 시민으로서 애향심을 가지고 생활해야 하지 않을까! 찾아가는 곳마다 관광지이며 찾는 이의 마음을 사로잡는 소중한 추억을 만들어 주어야 한다. 주민소환 꺼리답지 않은 것으로 저물어 가는 2008년을 마무리하지 말고 우리 시의 이미지를 한층 돋보일 수 있는 참신한 이야기로 매듭을 지어야 할 것 같다.

교통행정서비스

며칠 전 밀양역을 가기 위해 시내버스를 타려고 정류장에서 버스를 기다리고 있었다. 잠시 후 한 대의 버스가 보였다. 예전과 달리 버스의 전면 위쪽 전광판에 "밀양역"을 크게 나타내어 쉽게 보였다. 이어서 안내 문구가 달라졌다. "기업하기 좋은 도시 성장하는 밀양"이라는 시정지표가 뚜렷이 나타났다. 순간 시내버스의 변한 모습에 기분이 흐뭇해 졌다. 스쳐간 짧은 문구지만 기업하기 좋은 환경을 조성하고, 기업유치를 통하여 지역경제에 힘쓰는 우리 시의 노력을 읽을 수 있었다. 시민으로서 개선된 버스 서비스에 감사한 마음을 가졌다. 올해 5월부터 실시된 시내버스 교통카드제와 통합 연계된 버스정보시스템(bus information system)이었다. 11월부터는 시내버스 BIS(버스정보시스템)를 도입, 시행하고 있었다. 차내에 정류장 안내 방송 및 캠페인성 홍보를 위한 방송기능이 탑재되어 있으며 실시간 운행정보를 신속, 정확하게 제공한다고 한다. 시민들의 알권리 보장을 위한 시정홍보의 기능도 담당하는 종합적인 운행관리시스템이다. 대중교통서비스를 제공하기 위해 노력하는 우리 시에 아낌없는 찬사를 보낸다. 교통카드는 부산지역에서도 사용이 가능해 지하철, 유료도로 통행료, 공영주차장, 버스 이용에 동전을 준비해야하는 불편 없이 잘 사용되고 있다. 모양도 다양한 마이비 교통카드는 휴대폰에 달아 사용함으로 휴대가 편리하다. 삼문동에서 버스를 타고 밀양역으로 가서 기차로 부산역에 도착해 지하철을 이용했다. 일을 본 후 30분 이내에 버스를 타니 환승요금이 적용되어 교통비가 절약될 뿐만 아니라 시간도 단축되어 일찍 돌아 올 수 있었다. 대중교통서비스의 질적 개선을 위한 여러 가지 교통시책을 추진한 결과 교통카드제 시행 및 버스 정보시스템 구축 등으로 시민과 더불어 참다운 서비스가 이루어지고 있다. 밀양시는 신공항 유치에도 유력하며 KTX가 경남에서 유일하게 정차해 교통이 편리하다. 영남제일의 교통 중심지답게 부산-대구 간 고속도로를 비롯해 국도 24호선과 울산을 연결하는 능동터널이 개통되면 사통팔달의 교통망을 가지고 있는 도시가 될 것이다.

교통이 편리하면 기업하기 좋은 도시로 변화하는 밀양시가 만들어 지는데 분명히 한 몫을 할 것이다.

변화하는 교통서비스는 2008년도에도 계속 완벽한 버스정보시스템 구축을 위해 힘을 가하고 있다고 한다. 따라서 ARS, 휴대폰, 인터넷을 이용한 정보를 때와 장소에 상관없이 시민들이 이용할 수 있다.

새로 도입된 선진 교통정책인 버스정보시스템이 12만 시민 모두가 누릴 수 있는 대중교통문화의 복지서비스로 자리잡았으면 한다.

신달자 시인 초청

벚꽃과 개나리가 아름답고 봄의 향기가 연달아 피는 4월 이였다. 한국을 대표하는 여류작가 신달자 시인님이 지난 금요일에 밀양에 오셨다. (사)밀양문인협회에서 명사 초청 문학 강연회에 힘들게 신달자 시인님을 초대하였다. 그의 시집으로는 봉헌문자, 겨울축제, 열애, 백치슬픔 등 11권의 시집이 있다. 수필집에는 백치 애인, 물위를 걷는 여자, 시간을 선물 합니다 외 다수가 우리들이 익히 알고 있는 작품들이다. 최고의 여류시인을 만났다.

강연의 내용을 조금 언급하면, 문학이 왜 탄생했는가? 사람과 사람사이의 통로를, 입을 가진 인간에 대해서 좀 더 따뜻하고 마음속에 있는 언어를 끄집어내서 사람과 사람의 마음의 가교를 이어주는 것이 문학이 아닐까 생각한다고 서두에 말하신다. 강연주제는 '삶이 문학을 부른다.' 이였다. 삶이 문학을 부른다는 것은 문학이 먼저 있었다는 이야기가 아니다. 내가 어떻게 살아왔는가에 대해서 틈새를 비집고 문학, 시 이렇게 하고자 했던 것이지 애초부터 태어나서 문학을 택한 것이 아니라고 하신다. 더 안이한 길이 있고 평탄한 길의 평화스러운 곳에 삶이 있었다면 아마 시인은 문학을 시도하지 않았을지 모른다고 하였다. 그러나 시인의 삶은 시를 부르지 않고서는 도저히 숨을 쉴 수가 없었다고 이야기 하신다. 결국 그 시가 대단하지 않았다 하더라도 그 몇 천 배의 불덩이 속에서 달구어 지다가 결국 한마디 한마디 뱉어놓는 것으로써 시가 만들어졌을 것이라고 열강을 하셨다. 글을 쓰고 배우는 나로서는 누군가 가지 않는 길을 잘 가지 않았으며, 고통을 외면하는 그런 생활에 익숙해져 있는 자세로 생활한 것이 분명했다.

본인의 작품뿐만 아니라 다른 시인 작품을 소개, 설명도 덧붙여 강의 내용은 듣는 이로 하여금 더욱 풍부한 문학세계를 엿볼 수 있었다. 인생에 있어서 남들보다 혹독했던 삶 시절에 시인이 아니었다면 도망을 쳤을 것이라고 한다.
그런데 어려움을 피하면 나중에 시를 쓸 때 자신이 감동할 수 없고, 시를 쓰더라도 자신감이 없다고 말씀하신 것이 너무나 와 닿는다. 문학의 저력이 삶이라고 말씀 하신다. 모든 것은 항상 가까이 존재하고 있는 것이다.

이 세상에서 존재의미를 잃어가는 아버지의 가치를 언급하신다. 신달자 시인의 아버지 이야기는 시인의 길을 길어

가게 한 최고의 스승인 것 같다. 아버지의 일기장을 비롯해 아버지의 특별하신 생활방식은 신시인의 문학세계를 오늘에 있게 하지 않았냐는 생각이 든다. 삶이 너무 풍부 하신 분이다.

신달자 시인님을 밀양에 모시기로 한 뒤부터 '열애' 시를 애송하게 되었다. 처음에는 의미도 알 수 없었고 결정체도 알 수 없었다. 시를 공부하고 낭송 할수록 빠져드는 감미로움이 있었다. 배경음악으로 윤시내 씨의 '열애' 색소폰 연주를 녹음해 차에서 낭송 하곤 했었다. 강연회 때 신시인님이 열애시를 강의한 후 낭송의 기회도 가졌다. 4월은 '열애'를 마음속에 담고 싶다. 누군가를 만나기 위해서는 맞을 준비를 해야 한다. 대화했을 때 서로 공감하는 것이 있어야 한다. 작품 내면의 세계까지 약간의 공부를 해두었던 것이 도움이 되었다.

피아노가 음악의 모체라면 시는 문학의 모체이다. 산문작품이라 하더라도 시 정신이 내포되어 있지 않으면 문학이 될 수 없다고 한다. 시는 아름답다.

신시인님을 기차역에서 떠나보낼 때 봄의 향기가 온통 달아나는 기분이었다.

오늘도 신시인님은 한 편의 시를 남기기 위해서 밀양을 다녀가신지 모른다.

예술제 향기

깊어가는 가을
하늘이 내린 축복의 땅에
27돌을 맞은 밀양예술제여!
모두가 하나 되는
향기도시 아름다운 밀양이여!

밀양예술제를 공감하고 체험하면서 유난히 되새겨 지는 말이 있다. "예술은 길고 인생은 짧다"(Art is long and life is short)는 말이다. 그리스의 히포크라테스(BC 460년 출생)의 말이며 그의 〈잠언집〉 첫머리에 등장하는 말이다. "사람의 생명은 짧고, 의술을 얻기란 오랜 시일이 걸리고, (생명을 고칠)기회는 순식간에 지나가고, 실험은 불확실하며, 그리고 판단은 어렵다"라는 의미로서 여기서 art란 "예술"이 아니라 "의술"을 뜻하는 것에서 유래된 표현이다. 즉 사람의 일생이란 불과 얼마 안 되는데 의술의 깊이는 한이 없어 도저히 다 배울 수가 없다는 뜻이다. 다시 말하면 인간의 일생은 짧고 허무하지만 예술작품은 작가가 죽은 후에도 영원히 그 가치를 빛내며 사라지지 않는다는 말이다.

예술이란 의식적으로 아름다움을 창조해 내는 활동이라는 뜻이며 인간의 정신적, 육체적 활동을 빛깔, 모양, 소리, 글 등에 의하여 아름답게 표현하는 일이다. 글로서는 시, 소설, 희곡, 평론 등을 나타내며, 표정으로는 무용, 연극이며, 소리로는 음악이다. 언어예술, 공연예술로 구분 짓지만 아름다움을 극대화하는 데는 어떤 요소 단독으로 이루어 질 수 없다.

개인적으로 예술은 어우러지는 것이며 일치되었을 때 예술의 가치가 있는 것이라고 생각한다. 이번 밀양예술제는 어느 때 보다 관심 있게 지켜보고 직접 체험했다. 한 편의 시를 직접 지어보고, 사진을 보며, 그림을 보며, 음악을 듣고, 무용을 보며 또 연극을 보았다. 작품마다 예술인의 혼이 담겨져 있다. 동작하나에도, 언어에도 아름다움을 창조해 내려는 힘이 느껴졌다. 그래서 우리 도시의 밀양예술제가 더욱 향기나고 아름다워 지고 있는 것이다.

깊어가는 가을에 우리 도시에서 예술제축제가 있어 날마다 예술의 향기에 취해있다. 주위의 사람들과도 하나 되는 기분이다. 왠지 사람들의 표정도 환하다. 우리 인간은 자연에서 가을의 풍요로움, 넉넉함을 수확하고 기뻐한다. 정신적으로는 여러 분야의 예술작품을 감상하며 마음을 살찌운다. 이성을 지닌 인간은 새로운 문화를 갈망하며 추구한다.

문화의 축제 27돌을 맞은 밀양예술제가 해마다 두꺼워지고 다양해져 밀양이 아름다워 보인다. 축복받은 땅에 밀양의 예술이 가득하길 작은 언어로 표현해 본다.

파란 가을 하늘아래 밀양예술제 향기를 곳곳에서 느낄 수 있다. 삼문동 솔밭의 시화전, 문화의 집 사진전시실, 무대마

다 펼쳐지는 공연들 하나도 놓치고 싶지 않다. 예술 속에 담긴 의미와 감동을 또 다른 나의 예술로 표현하고 싶다. 무대에 선 배우는 짧은 시간에 청중들에게 감동과 아름다움을 전달하고 싶은 예술행위에 빠져 버린 것이다. '예술은 길고 인생은 짧다'는 말은 '인생은 짧아 허무하고, 예술은 길어 아름답다'는 표현을 해도 어색하지 않다. 예술을 사랑하는 사람들에게 예술의 본질, 아름다움을 창조할 수 있는 힘을 실어 주는 것 같다.

주민소환제

11월 밀양시보를 보고 깜짝 놀랐습니다. 밀양시장 주민소환에 대한 생각과 밀양시의 의견이 1, 2면을 다 차지하고 있었습니다. 시민들의 이해를 돕고 시정발전을 함께 풀어나가자는 취지에서 시민들에게 우리 시를 한번 생각해 보는 계기를 마련해 주었습니다. 하지만 소환 내용은 우리 밀양시에 엄청난 충격이고 시민으로서 부끄러웠습니다.

주민소환제에 적법하게 지방자치단체장이 행정처분이나 결정에 심각한 문제가 되는 4가지 소환 청구 이유인지 곰곰이 생각해 보았습니다. 나뿐만 아니라 시민모두가 한 번쯤 생각했으리라 여겨집니다. 열린 시정을 이끌어 가고 있는 밀양시장은 앞으로의 시정에도 의욕을 잃지 않을까 염려가 되었습니다.

주민소환제, 밀양시민 모두의 뜻인가요?

민선 4대 시장으로서 시민을 위해, 밀양을 위해, 열심히 일하겠다고 시민 앞에서 선서 하였습니다. 이 말은 밀양시민의 기대를 충실히 이행하겠다는 약속이며 우리 시민 모두가 지지하여 밀양시민의 손으로, 생각으로 시장을 뽑았습니다. 그런데 시장을 두고 주민소환제가 철회되었다가 다시 진행되었다가 어수선한 분위기를 자아내는 것은 우리 시의 엄청난 손실이며 시민으로서 안타까웠습니다. 한나라의 대통령은 국민이 뽑았습니다. 선택하고 지지해놓고 비난하기 이전에 자신의 판단도 한번 짚어 봅시다. 어떤 결과에 대해서는 대외적으로는 모두가 책임이 있습니다. 우리 시를 대표하는 사람인 밀양시장의 소환제는 밀양시민 스스로의 자질을 의심해 볼 필요가 있습니다. 우리 시를 위해 열심히 일해 줄 것이라 믿으면 안 될까요! 그래서 산외면 일부 주민들이 중심이 되어 이루어지는 주민소환제 청구는 맞지 않다고 봅니다. 객관성이 결여된 부분이라 여겨집니다.

신청자 측의 청구이유 하나, 해천 복원의 필요성이 없을 뿐만 아니라, 비효율적 예산집행이 수반되어 주민들의 반발이라고 하는데 어쩜 도시정비 사업의 기회로 지역발전을 이루고자 하는 행정이라고 봅니다. 청구이유 둘, 도서관. 밀양문화원 철거는 문화재청의 승인을 받은 사업으로 영남루 주변을 원형에 가깝게 복원하여 영남루를 보전하고 고. 박남규 회장의 유지는 현 위치에 기념비를 세워 뜻을 길이 이어가는 것이 밀양을 대표하는 영남루를 계승 발전시키고 보존하는 것이 아닐는지 생각됩니다. 청구이유 셋, 단장면 미촌리 국제화교육도시특구 조성사업은 엄연히 시장의 공약 사업이 아니라고 합니다. 개인적으로 영어 마을이 조성되길 바랐는데 민간 사업자가 재원조달의 어려움 때문에 철회한 것이라 합니다. 청구 이유 넷, 산외면 다죽리 산 112번지 일대는 행정심판에서 불가항력적으로 산지전용허가를 하지 않을 수 없는 적법한 절차로 일방적 파기가 아니라고 봅니다.

하늘이 내린 축복의 땅 미르피아 밀양에서 기업하기 좋은 도시, 성장하는 밀양을 만들기 위해서는 시민 모두가 변화에 대한 의지와 인내심을 가지고 힘을 모아주어야 새로운 모습 발전한 모습의 밀양시를 만들어 나갈 것입니다. 성장하는 밀양을 건설하여야 한다는 책임감을 느끼고 있는 밀양시장께 열심히 일할 수 있는 기회를 하루 빨리 만들어 주는 것이 우리 시민 모두가 우리 밀양을 위해서 할 수 있는 최선의 방법이고 노력이라고 봅니다.

밀양시는 책임감을 초지일관하는 태도로 우리 시의 발전을 위해서 이 기회에 밀양시민에게 더욱 투명하고 따뜻하고 살기 좋은 도시로 도약할 수 있게 해주세요. 시민이 주인이 되는 열린 시정이 정말 될 수 있도록 힘써 주세요.

밀양아리랑 대축제

2009년도 밀양아리랑 대축제의 컨셉은 시민 모두가 하나 되어 희망을 노래하는 신명의 어우름! 동남권신국제공항 유치염원 아래 힘 모아 하나로, 도약 2009 밀양! 이란 슬로건을 걸고 5월 6일부터 5월 10일까지 남천 둔치 및 밀양전역에 걸쳐 성황리에 축제의 장을 열었다. 주최 측인 (사)밀양문화제 집전위원회 및 밀양시 후원단체들에게 감사를 표하고 싶다. 충의·지덕·정순의 정신을 향토의 기풍으로 진작하여 각종 경연 대회를 거쳐 후진을 양성하고, 경제

성장의 동기를 부여하며, 문예 진흥의 계기를 삼고자 매년 개최하는 경상남도 대표 향토 축제로 우뚝 섰다고 말하고 싶다.

1957년 11월 제1회 "밀양문화제" 개최를 시작으로 이어지다가 1968년 5월 제11회 "밀양아랑제"로 개칭하여 개최되었다. 2000년 5월 제43회 "밀양문화제"로 다시 개칭하고, 2004년 5월 제47회 "밀양아리랑 대축제"로 개칭해 현재까지 이어지고 있는 역사 깊은 행사이다. 긴 세월동안 밀양의 상징과 정체성을 살리는 문화관광 축제이다.

이번 아리랑 대축제는 시민들의 관심 속에 치루는 안전제일의 축제마련과 역사성을 바탕으로 한 밀양문화의 본질을 추구하는 지역민 대화합 축제로 추진하였다. 밀양시민의 자긍심 고취와 문화인으로 의식수준을 높여 향토축제로 육성발전 되어 가고 있다고 여겨진다. 임진왜란 시 나라를 구하신 사명대사의 구국 "충의정신"을 받드는 불씨채화 의식 및 행렬은 아리랑 대축제의 묘미이기도 하다.

특별행사로 "제7회 점필재 선생 학술 대회"는 조선시대 성리학의 태두이신 김종직 선생과 그의 제자들의 인문정신에 관한 학술발표 및 토론이다. "동지섣달 꽃" 영화 상영은 아랑의 정순 정신을 승화시키고 한국인의 순수성과 아랑의 순수성을 합일 시키고 밀양의 문화와 밀양의 향기를 담아내는 영화였다.

우리 지역의 대표적인 인물을 주제로 한 프로그램 개발과 축제와 연계한 우리 지역의 관광자원 및 문화자원의 우수성을 알렸으며, 새로운 프로그램이 개발되어 축제의 매력이 한층 느껴졌다. 특히 스토리텔링 멀티 빛 쇼(love in 밀양!)와 아름다운 불꽃이 어우러져 사랑을 나누고 싶은 사람에게 따뜻한 사연을 담은 메시지, 시민들에게 용기를 주는 희망 메시지를 전달하는 역동적이고 감동적인 멀티 빛 쇼는 웅장한 모습을 드러낸 영남루와 밀양강을 더욱 돋보이게 하였다. 추억의 뱃다리 "아리랑 소망교 건너기"는 많은 관광객의 인기를 얻었다. 무대행사가 끝난 뒤는 인원이 많이 몰려 소망교의 인기를 실감케 했다. 기축년 아랑규수의 선발대회에서는 작년보다 많은 규수들이 참가해 교양필기시험, 재예겨루기가 진지한 과정에 치러졌다고 하였다. 시민 참여 프로그램으로 16개 읍·면·동의 입담 좋은 이야기꾼들이 구수한 밀양사투리로 펼치는 재치한마당은 이색경연 대회였다. 다소 미흡한 부분은 있어도 내년에는 발전된 사랑방 이야기 여행이 될 것으로 믿는다. 대한적십자사봉사회 밀양지구협의회는 아리랑 대축제 기간 삼문동 둔치 잔디밭에서 "코리안 드림 해피하우스 다문화가정 행복한 사진을 찍어서 걸어주기"라는 이색 전시회를 개최했다. 이 사진전은 사진작가협회 밀양회원으로 활동하고 있는 류정숙 회장과 삼랑진 고등학교 이상복 교장선생님께서 촬영에 전념하여 다문화가정 가족들에게 소중한 추억을 선물 해 경남신문 내 고장 소식

란에 실리기도 하였다.

한편 140여명의 자원 봉사자를 모집하여 직접 참여함으로써 축제에 대한 관심과 애정을 불러 일으켰다. 제1기 시립박물관 도우미들의 자원봉사 활동들이 높이 평가 할만하다. 어떤 도우미는 부산에서 온 관광객 10여명을 현장에서 만나 도우미 교육을 바탕으로 친절히 안내하고 밀양을 알리는데 뿌듯함을 느꼈다고 말했다. 우리 지역의 유서 깊은 문화유적 탐방인 "아리랑스토리투어" 운영으로 역사현장 체험학습의 기회를 제공하고 관광객에게 우리 지역 문화유적지 홍보를 담당한 문화관광해설사 분들의 노고도 칭찬하고 싶다.

경연, 전시, 프로그램에서는 밀양시 예총산하 예술협회의 주관으로 주축 되어 전국한글백일장, 전국학생음악경연대회, 전국학생미술실기대회, 전국한시백일장, 전국휘호대회, 학생극경연대회, 전국민요경창대회를 열어 학생 및 일반인들까지 참여하여 실력을 겨루는 열띤 경연을 벌렸다. 한글 백일장에는 750명이 참여했으며 올해는 타지역인이 많이 참여하고 수상의 영광도 가져갔다. 종합시상식은 5월 13일 (수) 오후 3시에 새로 단장한 시립도서관 5층에서 있었다.

밀양시민으로서 행사에 참여하고 축제문화 공부를 할 수 있었던 기회를 자랑스럽게 생각한다. 해를 거듭할수록 밀양 아리랑 대축제가 밀양을 알리는 경상남도 대표 향토축제로 우뚝 서기를 기원하며 나아가 세계적인 대축제의 터전을 구축하기를 기대해 본다.

노무현 대통령

우리 밀양은 노무현 대통령과 인연이 너무나 깊다. 2008년 2월 25일 퇴임하시고 밀양역에 도착 하셨다. 대통령의 귀향이라는 역사적인 날이었다. 지금 생각하니 그때 하신 말이 생각난다. "밀양이 경상남도 맞죠. 그러면 내 고향 맞네요." 큰 눈과 웃는 모습이 생생하다. 시장님을 비롯한 시민들의 환영을 받으며 손을 흔들고 미소 지었다. 노란손수건과 노란풍선의 물결 속으로 희망을 안고 봉하마을로 향했다. 노란 풍선의 신드롬은 영원히 기억된다. 부끄러움을 아는 대통령, 바보대통령, 농사짓는 대통령, 노짱 등 많은 수식어를 남기셨다. 봉하마을을 사람 사는 세상으로 가꾸시다 너무 빨리 한줌의 흙이 되었다.

2009년 5월 23일은 마음이 너무 아팠다. 노무현 대통령의 서거 소식은 머릿속을 혼란스럽게 했다. 우리 밀양에서는 심포니밴드 주관 음악회가 열릴 예정이었는데 취소되고 다음날 밀양시청 지하에 분향소가 설치되었다. 밀양시민들도 가까이서 그의 죽음을 애도했다. 난 7일장 동안 찹찹한 마음이 들었다. 검은 옷, 흰옷차림을 하고서 나의 마음을 달래기도 하였다. 봉하마을에 가니 슬픔이 더욱 치밀어 울음이 나왔다. 대통령을 사랑하는 국민들의 한 마디 한 마디가 고인의 마음을 달래주었다. 부엉이 바위는 아무런 표정도 말도 없이 추모객들을 바라보기만 하였다. 봉하산 부엉이 바위는 새로운 순례지가 되어버렸다. 14줄의 유서는 한 편의 시가 되어 맴돌았다. 고통, 슬픔, 삶, 죽음, 원망, 이 모든 것들을 오래전부터 생각하고 운명으로 여긴 그 삶은 작은 비석으로 남게 되었다.

절대 권력의 최상위에 계시면서 자신을 위해서 권력을 쓰지 않고 원칙과 소신을 지키며 묵묵히 일한 역대 최고의 대통령으로 기억된다. 조·중·동과 한나라당의 근거 없는 비방으로 어쩌다 욕먹는 대통령이 되셨지만 그는 우리 역사상 민주주의 대통령으로 마음속에 남는다.

대통령의 말을 비대하게 비틀어서 왜곡한 언론들, 검찰수사는 최고의 권력을 비참하게 짓밟은 것 아닐까! 대통령께서는 민생이라는 말은 송곳이고 가슴 아프다고 말했다.
목에 걸린 가시처럼 불편하다고 말한 그때가 다시 기억된다. 서민의 입장에서 서민대통령으로 우리 곁에 있었다.

아무런 호칭 없이 노무현이라 불러도, 바보라 불러도 기꺼이 바보가 되어주신 대통령이셨다. 이젠 모두 떨쳐버리고 편히 쉬십시오.

나비는 동서양을 막론하고 영혼을 상징한다. 밀양 아랑전설에 정조를 지키려다 죽음을 당한 밀양 부사의 딸 아랑이 나비가 되어 자신을 죽인 관노의 상투에 앉아 범인을 밝혀냈다는 설화가 있다. 대통령의 서거 5일째 신비하게 나비가 나타났다. 그의 영혼도 흰나비가 되어 봉하마을 빈소 영정에 머물다 사라졌다. 이젠 무거움을 털어버리고 나비처럼 훨훨 날아 좋은 곳으로 갔으면 하고 빌었다.

도내 강희안 시인을 비롯해 13명의 시인들은 서부 경남지역의 주요 문인들의 집결력을 발휘해 전국 최초로 추모시집을 만들었다. “슬픈 일 당했지만 문인들은 이 슬픔을 기억하고 기록해 남기는 역할을 해야 한다.”고 말했다. 안도현 시인은 대통령 노제 추모시에서 “고마워요 미안해요 일어나요”에서 거꾸로 달리는 민주주의 기관차에서 뛰어 내려 으깨진 꽃잎이 되었다고 애도했다. 꽃잎을 두 손으로 받쳐주지 못해서, 꽃잎을 가슴으로 안아주지 못해 미안하다고 슬

퍼하였다. 그는 가고 없지만 추모의 따뜻한 행사들은 끊임없이 이어지고 있다. 지금도 봉하마을에는 그 분의 흔적을 잊지 못해 연일 많은 추모 행렬로 붐비고 있다.

난 우리 가까이에 있었던 대통령으로 영원히 기억된다. 청문회스타, 인권변호사, 노사모 이런 대변어도 국민들 마음에 남을 것이다. 구수한 경상도사투리에 인간미가 넘치는 젊은 대통령으로 그의 모습이 아련하다.

이야기가 있는 밀양

밀양의 향기는
칠월을 닮았다
청포도가 익어가는 마을처럼
들녘의 벼는 땅심을 받아
넓은 초록바다로다
미리벌의 이야기는
신비로운
칠월의 노래다

싱그러운 7월이다. 여름향기는 초록색이다. 만물이 풋풋한 싱그러움으로 도배를 한 듯하다. 지난 9일~10일에 스토리텔링 밀양 팸투어가 실시되었다. 주최인 (사)미리벌문화사랑회와 인연이 되어 1박2일의 일정에 동행 하였다. 한국방송작가협회 회원 23명을 대상으로 미디어 관련 전문가(방송인, 드라마작가, 제작자 등)들을 초청하여 우수한 밀양의 자연환경과 영화, 드라마 소재로서의 밀양을 홍보하였다. 밀양의 역사와 전통 문화유산의 대외 홍보를 통한 스토리텔링 관광자원의 우수성을 널리 알리고자 하는데 목적을 둔 밀양시 후원 사업이었다. 첫 만남의 장소는 교동 열두대문에서의 오찬이었다. 고가에서의 식사는 모두를 사극드라마의 주인공으로 만들었다. 박물관에서 밀양인의 독립운동 이야기에 이어 백중놀이 공연을 관람했다. 밀양민중들의 삶과 애환이 담긴 백중놀이는 이들에게 멋진 공연이 되었다. 인간문화재가 소속된 최고의 공연이었다. 유적지 해설을 맡은 김선생님은 친절하게 밀양의 이야기를 들려주었다. 영남루를 보자 목조건물의 아름다움과 가치에 모두가 반해버렸다. 저녁에는 지역 역사문화 관련자와 초청 전문가의 워크

숍 진행으로 밀양 관광 스토리텔링에 대한 다양한 의견이 있었다. 관광 상품 개발방향에 대한 논의와 드라마, 영화 촬영지로서의 인식을 심어주었다. 향후 유명한 영화촬영지로 도약할 수 있는 방안을 찾는데 보탬이 되도록 진행되었다. 아울러 밀양 예술인을 초대해 짧은 공연도 이루어졌다.

다음 날은 호국성지 표충사를 방문하고 웅장함에 감탄을 멈추지 못했다. 경내에는 국보, 보물, 중요민속자료 등 많은 문화유적이 있고 표충사계곡은 경관이 수려하여 사철 아름다움을 간직하고 있었다. 임진왜란 당시 승려로서 조국을 구하신 사명대사의 유적지를 직접 보니 충효의 고장임을 실감케 한다고 작가들은 이야기했다. 이어서 도래재를 넘어 얼음골에 도착했다. 태고적 신비를 간직한 얼음골은 수려한 관광자원이 산재해 있어 그들의 마음을 사로잡았다. 삼복더위에 얼음이 얼고 한겨울에 얼음이 녹아 계곡에 더운 김이 오른다는 계곡을 따라 오르면서 계곡물에 손을 담그는 체험을 하면서 더위를 이겼다. 얼음골의 찬바람에 신비로운 의문을 다시 느끼며 천연기념물을 간직한 밀양이 아름답다고 말하였다. 우뚝 솟은 거대한 절벽이 흘러내린 계곡물에 의

해 두터운 암반이 깎여진 계곡은 마치 가마솥을 걸어 놓은 아궁이처럼 생겨 붙여진 가마골 협곡은 장관이었다. 쏟아지는 시원한 폭포수는 병풍처럼 둘러선 기암절벽과 조화를 이루었다. 작가들은 기념촬영에 모두 분주했다. 이어서 청봉도예를 방문해 밀양도예와 녹차이야기를 듣기도 하였다. 마지막으로 연극촌에 들러 종합예술촌의 모습을 갖춘 산교육장의 현실에 밀양의 연극과 영화에 관심을 갖게 되었다고 말한다.

아무튼 훌륭한 자원, 문화를 두고 밀양인이 관심을 갖지 않는다면 밀양문화, 예술은 항상 그 자리에 머무를 것이다. 이번 팸투어가 남긴 의미는 그들 관심의 대상에 '밀양'이 기억되는 일이다. 짧은 여정에 밀양을 얼마만큼 추억하고 담았는지 알 수는 없지만 문화, 예술, 환경, 역사가 어우러진 7월의 밀양을 간직했으면 하는 바람이다. 밀양의 향기는 꽉 찬 칠월을 닮아 산에는 시원한 12폭 병풍이, 들에는 넓은 초록바다가 물결치고 있다. 빼어난 자연풍광이 빛나는 문화유적과 어우러지고 밀양이야기가 청포도 알처럼 주렁주렁 이어질 때 신비로운 밀양이 살아있지 않을까!

아름다운 여름밤

7월은 빨갛게 익은 수박 속처럼 여름을 돋보이게 하는 것 같습니다. 내가 살고 있는 주변은 7월을 아니 뜨거운 여름을 시원함으로 때론 바꾸어 준답니다. 매미소리가 귀에 찡하니 들려오는 저녁시간입니다. 부엌의 작은 창을 넘고 들려오는 색소폰 선율의 아름다운 진원지는 어딜까 궁금했습니다. 자꾸 창밖으로 고개를 돌렸습니다. 저녁식사 준비로 카레를 만들려고 감자의 껍질을 벗기고 있었습니다. 순간 감자를 팽개치고 색소폰 소리가 나는 쪽으로 다가 갔습니다.

실내체육관 앞의 작은 공터에서 아담한 무대가 마련되었습니다. 몇 명의 악단과 싱어가 더운 날씨에 아랑곳 하지 않고 연주와 노래에 열중이었습니다. 얼굴과 흰 셔츠는 땀으로 젖어 있었습니다. 순간 황홀했습니다. 가까이에서 색소폰 부는 모습을 보니 더욱 감미로운 소리에 빨려드는 것입니다. 연주가 이어지다가, 싱어의 힘찬 목소리가 관중과 호흡하기도 하고 시간이 가는 줄 몰랐습니다.

7월은 밀양여름공연예술축제가 펼쳐지고 있습니다. 연극을 비롯해 음악회며 여러 예술단체에서 밀양시민들을 초청하는 행사가 줄을 잇고 있습니다. 프로그램이 다양해 골라보는 재미가 있는 것도 빼놓을 수 없습니다.

밀양은 영화의 도시, 예술의 도시, 학문의 도시, 관광의 도시라는 게 밀양을 살면서 느껴지는 것 같습니다. 2001년도에 시작한 여름공연예술축제는 8회를 맞습니다. 해마다 연극은 볼거리가 다양해 타 지역인도 제법 늘어난다고 합니다. 44회 동아 연극 상을 우리 시가 수상도 했습니다. 칸국제영화제의 영광도 있습니다. 예술, 문화의 도시가 어울립니다. 별이 총총한 여름밤에 부드러운 색소폰 소리며 노래 소리는 여름공연예술축제기간 동안 일정한 시간대에 들을 수 있습니다. 때론 나의 일상을 접어두고 여름축제기간에 새로운 추억을 만들어 봅니다. 낮에 더위에 지친 몸을 아름다운 여름밤이 매일 시원하게 바꾸어 줍니다.

어떤 여름밤은 연극을 보았습니다. 열대야가 기승을 부리지만 새로 지어진 청소년 수련관에서 시원하게 가족과 함께 연극을 보았습니다. 차를 타고 멀리 가지 않아도 우리 마을에서 접할 수 있다는 게 참 좋습니다. 새로 지어진 청소년 수련관은 최신시설로 우리 시의 청소년뿐만 아니라 수련관으로써 명분을 잘해 낼 준비가 되어 있는 곳이기도 합니다. 시간이 흐를수록 시민이 참여하는 공간이 늘어나고 있습니다. 위치하고 있는 자리가 경관이 일품이라 앞으로 명품장소가 될 것 같습니다.

어떤 여름밤에는 조각공원에 앉아 이야기꽃을 피우기도 합니다. 다양한 돌에 새겨진 그림은 제각기 하나의 이야기를 나타내고 있습니다. 잔디도 잘 다듬어져 시민의 푸른 휴식 공간 됩니다. 공원둘레로 자전거 도로와 걷기 도로가 구분되어 저녁시간부터 늦은 밤까지도 많은 시민들이 삼삼오오 짝을 지어 이용합니다. 하나의 작은 섬 모양입니다. 아파트를 두고 둥글게 남천강이 흐르고 있습니다.

공원주변은 남천강이 유유히 흐릅니다. 개구리가 울기도 하고 여러 철새들이 날아들어 장관을 이루기도 합니다.

밤에는 가로등 불빛과 자동차 불빛들이 강물에 비치어 산책을 하면서 감상할 수 있는 예쁜 모습입니다. 강물에 비친 영남루의 모습은 정말 장관입니다. 그곳을 지날 때면 나도 모르게 발걸음이 멈추어 집니다. 시민들을 위한 체육시설도 구비되어 있어 제각기 사람들은 운동을 즐깁니다. 솔밭이 조성되어 향기를 사계절 다 느낄 수 있습니다. 지금은 야외 수영장이 개장되어 여름의 분위기를 그려주고 있답니다.

수영장은 우리 아이들이 가장 좋아하는 장소이기도 합니다.

어떤 여름밤은 음악회에 갔습니다. 음악의 다양함에 흥이 마구 솟기도 합니다. 편안한 저녁에 즐길 수 있는 볼거리입니다. 우리 시민들은 공연장의 질서도 잘 지켜주었습니다. 시장님께서도 오셔서 시민과 이야기 하고 공감하는 여름밤은 시민 모두가 하나 되고 화합되는 기분이 들었습니다.

무대 가까이에서 연주를 듣고 노래를 듣고 신이 절로 나는 음악회였습니다. 음악회는 우리의 마음을 여유롭고 아름답게 다듬어 줍니다. 음악의 힘이기도 합니다. 음악회는 1년에 한 번씩 정기 공연을 합니다. 주관단체도 여러 군데라 몇 차례 음악회를 즐길 수 있습니다. 대도시처럼 크게 인파들로 붐비지 않으니 아기자기한 멋스러움이 있습니다.

7월의 여름밤은 많은 추억들로 쌓여가고 있습니다. 저녁 준비 하다 뛰쳐나갈 수 있어 좋고 7080의 시 같은 노랫말을 오랜만에 들을 수 있어 옛 추억을 돌이켜 보기도 했습니다. 더운 한여름 밤에 울려 퍼지는 축제 소리들을 내가 살고 있는 주변에서 마음껏 즐기며 여름밤을 보내고 있습니다.

그래서 밀양은 살기 좋은 고장이고 축복 받은 땅인 것 같습니다. 얼마 전 고속열차 속에서 미르피아 광고를 보고 흐뭇했습니다. "미르피아"가 올여름 우리 밀양을 알리는 새로운 이미지가 되었습니다. 아름다운 여름밤은 아직 끝나지 않았습니다. 내년에도 계속 됩니다. 올여름은 특별이 잘 익은 수박 속처럼 화려하고 아름다운 도시로 밀양이 알려졌으면 합니다.

밀양여행

1986년도입니다. 한 여학생이 여름방학 아르바이트를 해서 모처럼 여행을 가게 되었습니다. 선배와 같이 부산 서부터미널에 갔습니다. 창구별로 경남지명을 비롯해 전라도의 생소한 지명까지 많이 열거되어 있었습니다.

"밀양密陽" 왠지 따뜻한 느낌이 와 닿았습니다. 선배와 밀양에 가기로 정하고 승차권 2장을 구입 했습니다. 시외버스를 타고 밀양을 만나러 달리기 시작 했습니다. 하늘에는 비구름이 잔뜩 드리워져 많은 비가 올까 걱정되었습니다. 버스

유리창문과 함께 비바람을 맞으며 1시간 40분을 달려오니 자그마한 밀양 터미널에 닿았습니다. 선배와 여학생은 "밀양"과 "표충사"라는 두 이름만 알고 왔는지라 다시 버스를 타고 표충사로 향했습니다. 도로변에는 코스모스가 한들거리며 가랑비에 젖고 있었습니다. 얼마 후 표충사에 이르러 걷기 시작했습니다. 주변에 국화빵을 팔고 있는 아주머니를 그냥 지나칠 수 없었습니다. 추억의 국화빵을 먹으면서 걸었습니다. 얼마 후 나의 시야에 꽉 차게 들어오는 웅장함, 단아함, 화려함 3박자를 갖춘 표충사! '와' 하는 소리로, 선배와 여학생은 약속이라도 한 듯 이구동성 하였습니다.

높고 낮은 산을 병풍삼아 표충사가 빼어난 자태를 가지고 있음을 확인하게 되었습니다. 운무가 자욱한 뒷산과 절은 수묵화를 연상하게 했습니다. 우산을 받쳐 들고 약수도 마시고 사진 한 장을 찍었습니다. 시장기를 달래기 위해 점심으로 산채 비빔밥을 먹었습니다. 계곡에서 흐르는 맑고 투명한 물소리는 온종일 귓가에 맴돌았습니다. 21년 전 첫눈에 반한 "밀양 표충사"가 첫 만남이 되었습니다.

몇 년 후 아가씨가 되어 친구와 밀양을 다시 찾아왔습니다. 단장면 대추를 사러 온 것입니다. 승용차를 가져와 한적한 왕복 2차선 도로를 여유 있게 달릴 수 있었습니다. 온통 주위는 대추나무가 가로수인양 넘실거리고 있었습니다.

친구와 빨간빛이 좋은 대추 1되씩 사고 대추차를 마시러 찻집에 갔습니다. 대추를 통째로 삶아 껍질과 씨를 제거하고 빽빽하게 해서 숟가락으로 떠먹게 했습니다. 추운 날씨에 아주 잘 어울리는 따뜻한 건강차였습니다. 돌아오는 길에 영남루에도 들렀습니다. 앞에 내려다보이는 남천강은 영남루를 더욱 아름답게 받쳐주고 있습니다. 3대 명루다운 자태로 경관이 수려했습니다. 아랑규수의 전설도 알게 되었습니다. 가방 속에서 삐삐 소리가 났습니다. 어머니께서 연락을 하신 것입니다. 연락을 하기위해 공중전화 부스를 찾았습니다. 전화를 한 곳은 도로변에 위치한 마을 앞 이었습니다. 이렇게 탐스러운 빨간색을 지닌 "단장면 대추"가 두 번째 만남이 되었습니다.

무더운 어느 해였습니다. 여름가족 피서로 유천강가에 온 것입니다. 텐트를 치고 2박3일 야영을 했습니다. 수시로 들려오는 기차 기적소리는 강가에 있는 피서객들의 달콤한 낮

잠을 깨웠습니다. 위로는 기차가 지나고 강가에는 물놀이하고 정겨운 여름풍경 이었습니다. 미끄러운 강물과 바닷물은 각각 다른 매력이 있다는 것을 알았습니다. 강물에 몸을 담그고 더위를 식혔던 여름추억을 가지게 되었습니다.

이렇게 "유천강가"가 나와는 세 번째 만남이 되었습니다.

세월이 흘러 밀양을 잊고 있을 때의 일입니다. 작은 이모에게 소식이 왔습니다. 나에게 맞선을 보라는 것입니다.

밀양 총각이라고 하였습니다. 여학생 시절부터 몇 차례 밀양을 만나러 왔지만 맞선으로 이어질 줄 몰랐습니다. 부산에 있는 이모가 겨울철 얼어있는 언덕길에 미끄러져 허리를 다쳐 병원에 누워 계시는데, 총각의 고모가 눈길에 넘어져 다리를 다쳤습니다. 우연히 이모가 있는 병실에 총각의 고모가 입원한 것입니다. 겨울이라 상처가 잘 아물지 않아 입원기간이 긴 탓에 이모와 고모는 많은 이야기를 나누고 맞선을 볼 수 있게 날짜를 정해 놓았습니다. 이모님과 고모님이 다치신 일로 해 이번에는 "밀양사람"과의 만남이 네 번째 만남이 되었습니다. 네 번째 만남은 인연 이었습니다.

한 번 보고 두 번 보고 계속 연락이 오고가 밀양에서도 만났습니다. 부산에서 밀양역까지 오면 마중을 나와 주었습니다. 한 여자와 한 남자가 부산과 밀양을 오가며 결혼하기로 약속을 하였습니다. 밀양총각이 여자 집에 첫인사 올 때 단장면 대추를 들고 왔습니다. 3개월 후 밀양으로 여자는 시집을 오게 되었습니다. 시댁은 옛날 아가씨시절 단장면 대추 사러 왔을 때 집에 공중전화를 하였던 마을 "예림"이라는 곳이었습니다. 시댁이 있는 마을 이었습니다. 만남도 묘한데 하필 시댁 동네에서 전화를 했는지 아이러니 했습니다. 끊이지 않은 만남에 이어 결혼까지 해서 밀양에 잘 살고 있습니다. 추억의 여행지가 아닌 보금자리가 되어 버렸습니다.

조용하고 햇빛 좋고 물 좋으며 인심 넉넉한 곳입니다. 문화유적지도 많아 주말이면 나들이하기에 좋습니다. 첫아기를 가졌을 때 누군가 맛보게 해준 아주 크고 예쁜 얼음골 사과는 속살과 꿀 줄기가 더해져 처음으로 느껴본 단맛이었습니다. 얼음골의 기후에 맞은 특산물이었습니다. 삼랑진에서 재배한 육보라는 딸기는 길쭉하고 통통하며 최고의 딸기 맛이었습니다. 입덧 심할 때 사과와 딸기는 나의 주식이 되었습니다. 시간이 흘러 두 아이의 엄마가 되어서 11년째 매력 있는 밀양에 살고 있습니다. 현재 머물고 있는 여행지라 자세하게 이야기 할 수 있습니다.

요즘 밀양을 모르는 사람은 없을 것입니다. 세계 3대 영화제인 칸국제영화제에서 "밀양"을 열연한 여배우가 여우주연상을 받았습니다. 영화 개봉 얼마 후 영화제 수상소식이 있어 "밀양"은 모르는 이가 없게 되었습니다. 세계적으로 밀양이 알려지게 되었습니다. 주연배우 두 사람은 얼마 전 밀양시의 명예시민으로 위촉 되었습니다. 밀양으로 놀러 와 보세요. 밀양역 대합실에 전시되어 있는 영화 "밀양"의 주요 장면들이 줄거리에 맞게 전시되어 있습니다. 그다지 크지 않은 대합실을 꽉 매운 "밀양"은 밀양을 그냥 지나칠 수 없게 합니다. 해마다 개최되는 "밀양아리랑 대축제", "밀양아리랑 마라톤 대회", "밀양여름공연예술축제"는 익히 알려진 큰 행사입니다. 밀양여름공연예술축제는 해외초청공연을 비롯해 국내초청공연, 대학극, 연출가전, 워크숍, 세미나 등 프로그램이 다양하고 알찹니다. 명실 공히 문화의 도시로 변하고 있습니다. 올 여름피서는 밀양으로 오세요. 많은 문화유적지, 관광명소, 밀양의 맑은 물과 햇볕을 쬐어 자란 농산물, 특산물은 빛깔과 맛이 일품입니다. 도자기 공예품도 유명합니다. 외부인들이 밀양을 올 때면 KTX를 많이 이용합니다. 하지만 얼마 후면 국제공항, 영어마을이 생길 예정입니다. 교통이 편리한 도시, 선진국 형 도시로 변할 것입니다. 외국인들이 밀양국제공항에 도착해 "아름다운 도시"라고 말해줄 것 같습니다. "웰컴 투 밀양"이라고 맞이할 것입니다. 영화 "밀양", "똥개"의 촬영장소를 구경하고 문화유적지, 전통문화를 체험하며 따뜻함을 느끼고 갔으면 합니다.

내가 살고 있는 아파트는 산책하기 좋고 사계절 소나무향을 맡을 수 있는 공원입니다. 주말이면 아이들과 산책하고 등산도 합니다. 산과 강이 유난히 깨끗한 밀양입니다. 따뜻한 느낌이 좋아 선택한 여행지에서 남편과 희로애락을 같이하며 중년을 맞이했습니다. 우리네 삶은 여행입니다. 끝이 멀리보이는 아주 긴 여행입니다. 목표와 설렘을 동반합니다. 난 지금의 여행지가 "밀양"이라고 생각하며 흠뻑 빠져있습니다. 언제 옮겨갈 줄 모르지만 지금 이곳에서 소중한 추억을 만들고 다음 여행지를 잘 선택하려 합니다. 현재의 여행지에서 이렇게 시 하나를 인생노트에 적어두려 합니다.

밀양연가

그냥 지나칠까 하였건만
따라오는 물소리가
그립습니다.

눈부신 햇빛 피하려
결국 주저앉아
당신을 사랑하게 되었습니다.

사과향기 맡으며
붉게 물드는 그곳에서
탐스러운 열매 거두어
당신에게 바치려 합니다.

향토기업 탐방

– 한국화이바, 삼랑진 양수발전본부를 찾아서

한국문인협회 밀양지부는 향토기업을 이해하고 지역정서에 맞는 문예창작의 필요성을 느껴왔었다. 그래서 문인협회 회원들은 대표적인 향토기업을 탐방하기로 했다. 지부장을 비롯한 회원 15명은 지난 7월 16일 (목) 오전 9시 30분에 미리벌관 정문에서 만났다. 이번 지역향토기업 탐방의 목적은 그동안 지역 문학을 대표하는 밀양문인협회에서 지역의 역사와 문화, 지역민들의 정서와 삶을 문학으로 승화시키자는 취지에 공감하면서 모처럼의 탐방 길에 오르게 되었다.

날씨는 어젯밤부터 당일 오전까지 많은 비가 내려 이동하는데 불편을 주었다. 일부 지역에 사는 회원들은 산사태로 길이 끊겨 참석을 못하기도 하였다. 참석치 못한 회원들을 뒤로한 채 15명의 회원들은 궂은 날씨에도 불평 없이 협조하였다. 특별히 상공회의소 최국장님께서 동행해 주셔서 정말 고마웠다.

미리벌관에 모인 회원들은 미리 한국화이바를 방문한다는 통보를 해 놓은 상태라 서둘렀다. 10시에 한국화이바 그룹 정문으로 들어섰다. 먼저 나와 계신 이재활 총무이사의 안내를 받게 되었다. 몇몇 관계자들도 친절하게 맞아 주었다.

먼저 회의실에서 한국화이바의 영상물을 관람하고 조용준 회장님의 자서전 〈독창력만이 살길이다〉를 선물로 받았다. 오늘같이 비오는 날에 어울리는 우산도 선물 받았다. 생산현장을 총무이사님의 안내로 설명을 듣고 직접 보는 체험의 기회를 가지게 되었다. 유리섬유의 생산과정과 유리섬유를 활용해 만들어지는 첨단 산업의 현장 곳곳을 상세히 둘러보는 계기가 되었다.

이곳에서는 유리섬유 하나로 한국을 넘어서 세계적인 기업으로 성장한 기업이다. 밀양이 자랑하는 최고의 기업이다.

기초소재 산업에서 완제품까지 전 과정에 걸쳐 유리섬유로 독자기술을 개발해 제작된 전기식 용융 플랜트로 유리섬유 및 다양한 관련 성형재료를 생산한다고 설명 했다.

한국화이바는 유리섬유, 카본섬유 및 아라미드섬유를 사용하여 다양한 프리프레그를 생산하고 있다고 설명을 들었다.

특히 놀라운 것은 완벽한 수지시스템과 설비를 통해 만들어진 프리프레그는 항공 우주사업을 비롯한 스포츠, 건축, 수송사업에 크게 활용되고 있다는 사실을 알게 되었다. 유리섬유로 최첨단 산업 분야에 독보적인 경쟁력을 갖추고 있는 것 같아서 놀라움을 감추지 못했다.

이러한 산업 첨단을 걷게 된 것은 늘 독창력만이 살길이라고 강조하는 조용준 회장님의 기업 철학과 창조적 마인드에서 비롯된 것으로 생각되어 한 인간의 능력과 삶의 철학이 깊은 감동으로 다가왔다.

독창력이 없으면 미래는 없다는 기업 한국화이바는 건축토목사업, 국내 바닥장식재의 혁신소재, 천연가스시대 첨단

소재, 극저온 단열재, 불연선, 초경량성 복합재료 차량사업, 녹슬지 않고 가벼운 GRP 파이프 개발, 세계적으로 인정받는 항공재료 기술 등의 산업으로 세계로 뻗어가는 최첨단 기업임을 확인했다. 눈으로 보고 직접 설명을 들으면서 느낄 수 있는 계기가 되었다.

평소 밀양에 살면서도 한국화이바에 처음으로 방문한 회원들은 실로 그 방대한 시설과 유리섬유의 쓰임새가 참으로 복합적인 기술임을 알고는 한 기업가의 노력과 창조적 능력 앞에서 경이로운 마음이 들었다고 말한다.

제 1공장에서 다양한 시설을 견학한 후 11시 40분에 상남면 연금리에 위치한 제 2공장을 견학하기 위해 출발하였다. 이재활 총무이사님께서도 우리 회원들과 같이 이동하셨다.

도착하자마자 사내식당에서 맛있는 점심을 먹게 되었다. 오랜만에 식판에 밥을 담아 먹어보니 새로 학생시절로 돌아간 기분이 들었다. 아침에 많이 내리는 비는 주춤해져 조금씩 휘날렸다. 모두가 친절하고 근로자들의 표정이 밝아 보였다.

점심식사를 마치고 회사의 생산제품인 대형 저상버스를 타고 사내를 견학하게 되었다. 공장규모가 전체 산을 다 차지하고 있어 전망도 좋았고 밖에서 생각했던 것보다 너무나 규모가 크다는 것을 느꼈다.

제 2공장은 한때 발파작업으로 인해 상남면 평촌리 주민들과 깊은 갈등을 겪는 등 우여곡절 끝에 지금은 완벽

한 시설로 갖추어져 있었다. 이곳에서는 차량조립사업과 항공조립사업 등을 통해 완벽한 제품을 생산하는 공정으로 이루어져 있었다. 우리 생활의 교통수단에서 단연 으뜸의 기술로 사회에 기여하는 기업이었다. 마지막까지 수고해주신 총무이사님과 작별인사를 나누고 차로 이동하였다.

1시까지 제 1공장, 2공장 견학을 마친 후 삼랑진으로 향했다.

우리 회원들은 다음 코스인 삼랑진 양수발전본부로 향했다.

삼랑진 양수발전본부에 도착하니 주변은 조용했다. 평일이라 관람객이 뜸한 날이다.

안내는 직원인 임채선씨가 해주었다. 각종 전시실을 돌면서 친절한 안내를 해주었다.

한국서부발전은 2001년 4월 2일 전력산업구조개편법에 따라 한국전력공사에서 분리하여 설립된 발전회사로 에너지를 고품질화 하여 사회적인 가치증대에 기여하는 21세기 발전산업의 리더를 추구하는 국내 최우수 발전회사라고 소개를 받았다.

서부발전은 전력자원의 개발, 전력사업과 관련되는 연구,

기술개발 및 부대사업을 설립 목적으로 하고 있으며 임직원 1,880명, 자산 4조2천억 원의 기업규모로 최고의 기업신용도를 인정받고 있다고 들었다.

1979년에서 1985년에 걸쳐 공사를 하고 이제는 지역 환원 사업의 일환으로 매년 관내 우수학생들에게 장학금을 지급하는 등 초등학생을 상대로 백일장과 사생대회를 개최하고 있어 지역민들로부터 많은 사랑을 받는 기업으로 자리를 잡았다.

또한 댐 주변으로 대단위 벚꽃을 식재해 벚꽃이 개화하는 시기에는 인근 도시민들이 즐겨 찾는 밀양의 관광명소로도 널리 알려져 있다.

삼랑진 양수발전처는 국내에서 두 번째로 건설된 양수식 발전소로서 출력조절이 용이하여 전력품질향상에 크게 이바지하여 심야에 남는 전기를 이용하는 경제적 발전과 효율적인 설비운영으로 안정적인 전력공급에 많은 기여를 하고 있다.

또 이곳에서는 지구온난화를 방지하기 위한 기후변화협약에 능동적으로 대처하고 석유 및 석탄 등 화석 연료 고갈에 따른 에너지자립도를 제고하기 위해 지식경제부와 체결한신 재생에너지공급참여협약서에 의거 친환경 청정에너지원인 태양광 발전기술을 이용하여 전력을 공급하고 있었다.

삼랑진 발전처는 수질관리 등 환경관리에 노력한 결과 친환경적인 발전소 운영이 모범이 되어 환경경영 시스템(ISO14001) 인증을 받기도 했다.

지하터널속의 거대한 시설물을 보고 저절로 감탄사가 터져 나왔다. 나는 기계속의 작은 나사정도의 크기이며 생소한 전력기구에 놀라지 않을 수 없었다.

한쪽 공간을 활용해 직원들의 취미작품을 전시해 방문객

들에게 좋은 선물이 되었다. 조금 떨어진 곳에 태양관 시설까지 둘러보았다. 햇빛의 열에 의해 전기를 생산하여 저장하는 기술 역시 첨단 기술이다. 대부분이 무인 시스템으로 첨단 과학의 전기 생산 발전기술을 한 눈에 볼 수 있었다. 주변에서 단체사진을 찍고 담화를 나누었다.

다음 탐방 기업은 샘소슬 생수공장이었다. 5분정도 이동하였다. 역시 사장님께서 나오셔서 반갑게 맞아 주셨다.

회원들은 사장님 안내에 따라 공장안을 보게 되었다. 평소 보던 생수통들이 컨베어 벨트위에서 줄지어 다음 공정으로 이동하는 것이 질서정연해 보였다.

큰 생수통을 비롯해 다양한 생수통이 있었다. 씻기 힘든 통속을 여러 번 세척하는 것이 중요한 과정이라고 말한다. 묶음으로 포장되는 생수통을 보니 통속의 물들이 투명해 보이질 않았다. 근로자들 중에는 필리핀, 동남아시아 인들도 있었다. 공장내부를 돌면서 한통의 생수통이 완성되어 우리 곁에 오는 과정을 이해할 수 있었다. 샘소슬 생수가 밀양제품인지 모르고 있었던 나는 이번 향토 탐방으로 우리 지역의 생산품을 확인하게 되었다.

시간은 오후 4시를 가르켰다. 지난달에 최경화 직전 회장님의 〈언덕배기 하얀 꽃〉 시집 발간이 있었는데 회원들이 한자리에 모여 축하를 해드리지 못했다. 선생님의 댁이 삼랑진 염동이라 오늘 조촐하게 환영해주기로 하였다. 선생님 댁은 '관음사'라는 조그만 절이다. 거실에 모여서 현수막을 걸고 간단한 축하를 하였다. 꽃다발을 전해드렸다. 이어서 시낭송이 이어지고 여러 회원님들의 축하 메시지가 이어졌다. 바쁜 와중에도 떡과 과일을 준비해 두셨다. 게다가 맛있는 잔치국수까지 대접을 받고 헤어지게 되었다. 회원들은 피곤한 일정이었지만 낙오 없이 마지막까지 같이 했다.

이번 향토기업 탐방을 계기로 다음 해에도 행사가 이어지길 바라며, 우리 고장을 바르게 인식하는 태도를 가지게 되었다. 많은 도움을 주신 분들에게 감사하다.

향토기행

※ 여행한 곳: 월연정, 이호우 시비, 박연정, 혜산서원,
농암정, 동의각

※ 언제: 2007년 05월 26일 토요일

※ 날씨: 햇살이 눈부셔 하늘을 올려다 볼 수 없었다.

초여름의 싱그러움을 맘껏 느낄 수 있는 아침이었다. 작은 가방을 어깨에 메고 가벼운 마음으로 출발 장소로 나갔다. 먼저 오신 선생님들께서 반갑게 맞아 주셨다. 몇 대의 회원 차에 나누어 타고 출발하였다. 평소 지나가는 길에 차를 세워 잠시 머물던 곳이었는데 본격적으로 일일기

행의 목적지가 되었다. 우리 고장에 아름답고 뜻 깊은 문화 유적이 있다는 것은 자랑스러운 일이다.

익숙한 차창 밖 풍경을 벗 삼아 잠시 후 월연정에 도착했다. 위로는 녹색의 향기를 듬뿍 맡으며 발아래에는 강이 흐르는 작은 계곡이 있었다. 지형을 잘 살려서 지은 쌍경당과 월연대 등 여러 채가 지어져 있었다. 맑은 물에 은어가 뛰어놀고 달빛이 드리우는 풍경 어찌 아름답지 않은가!

월연 이태 선생이 감탄하고 그냥 지나칠 수 없었던 절경이다. 정자 위에서 시 한수가 저절로 강물과 어우러졌을 것

이다. 월연정은 여주이씨 문중에서 소유하고 있으며 조선시대에 지어진 경상남도 유형 문화재이다.

기차가 달리고 있고, 햇살을 받아 강물이 반짝이는 들판을 지나 잠시 달렸다. 밀양과 아주 가까운 청도에 도착했다. 강을 사이에 두고 밀양, 청도로 나누어졌다.

그곳에는 오누이 사이인 이호우, 이영도 시인의 시비가 나란히 세워져 있었다. 안쪽마을에는 생가를 볼 수 있었다. 시인들은 산과 강을 벗 삼아 고향을 노래하고 순수한 사랑을 동경하였다. 넉넉하지 못하고 애절한 삶을 살았던 것 같다. 비석에 새겨진 "살구꽃 핀 마을"은 내가 간간히 보아온 살구 열매가 달린 어릴 적 할머니집이 떠올랐다. 꽃피고 살구가 노랗게 열린 나무 아래서 살구 향기를 흠뻑 맡으며 앉아 있는 것 같았다. 왠지 시비가 있는 자리는 시인이 밀양을 그리워하는 느낌이 들었다.

회원들은 틈을 내어 기념촬영을 하고 담소도 나누었다.

눈부신 햇살아래 모자를 눌러쓴 이마에는 땀이 송송 맺혔다. 다음 기행지는 박연정 이었다. 상동면 고정리에 위치하였다. 조선시대 무신인 김태허 선생의 고향집이다. 임진왜란 때 밀양성이 함락된 뒤 밀양 부사로 임명되어 분전 하셨다. 정자의 북쪽에는 수어대가 있고 강가의 가파른 벼랑 끝에는 빙허대가 있었다. 빙허대 위에는 만년송이라는 노송도 있어 주위의 수려한 경관과 함께 박연정의 운치를 더해 주었다.

마을 앞 개천에는 다슬기를 잡는 일가족이 보였다. 큰 나무아래서 더위를 피하려는 할아버지, 할머니들만 보여 질 뿐 젊은 사람은 보기 힘든 작은 시골 마을이었다.

마을을 지나오다 딸기밭에 들러 딸기를 맛보았다. 후한 시골 인심을 담아 한 소쿠리 사서 씻지 않고 이동 중에 먹기도 하였다.

날씨는 에어컨을 켜도 더웠다. 이번에는 아주 정갈하게 정리된 혜산서원에 도착했다. 손씨의 5현을 모신 서원이다. 1300평 규모에 13동의 건물이 보전되고 있었다. 산외면 다죽리 죽서마을은 양지인 듯 평온한 기운이 감돌았다. 나무 한 그루 한 그루가 조각처럼 세심하고 깔끔하게 다듬어져 있었다. 향토 흙 마당이 넓은 서원의 품위를 한층 단아하게 보이게 하였다. 주말이면 손씨의 자손들이 견학하고 때때로 행사도 치르고 서원으로서 유형문화재 손색이 없는 곳이었다. 13동의 건물을 둘러보자니 조선의 옛사람이 된 기분이었다. 마치 궁궐 안을 연상케 하였다. 더운 날씨였다. 나무 그늘이 드리워져 움직이는데 도움이 되었다. 오랜 역사를 지닌 곳에는 나무들도 품위를 지키고 있는 것 같다. 시간은 오후 1시를 가리켰다. 단장면 금곡 근처에 있는 식당에 도착했다. 추어탕만 하는 집이라 모두 같은 점심을 먹게 되었다. 시장기에 이열치열이 더해져 땀을 흘리며 맛있게 먹었다. 한 그릇의 미꾸라지 추어탕은 보신이 따로 없었다.

오후 이동이 다시 시작 되었다. 신록이 우거진 산들을 한

컷 한 컷 뒤로한 채 모처럼 느끼는 홀가분한 주말여행이었다.

언제 찾아와도 자연은 나를 넉넉하게 맞이해 주었다. 나른한 몸을 자연에 싣고 단장면 밀양댐으로 향했다. 도로가에 심어진 이팝나무들은 작년보다 성숙해 있었다. 하천바닥을 드러낸 채 물은 얕게 흐르고 흔하게 볼 수 있는 대추나무는 이 마을의 풍경이었다. 시원스럽게 자리 잡고 있는 밀양댐에 도착했다. 아주 높은 위치다. 주위에서 가장 시원하고 경치가 좋은 농암정에 좌정을 했다. 회장님과 어르신 선생님들께서 지금의 밀양댐이 있기까지의 사실들과 사건들을 재미있게 이야기해 주셨다. 물속에 잠겨버린 바위의 이야기. 난 옛이야기 한 편을 들은 기분이다. 정자에 불어오는 바람은 가슴까지 파고들어 온몸의 열기를 씻어주었다.

일행들은 차를 돌려 마지막 기행지인 얼음골로 향했다. 한 여름에 얼음이 언다는 신비한 계곡이다. 말만 들어도 더위를 피할 수 있는 곳이다. 얼음을 볼 수 있는 천연 기념물 제224호 신비의 유명 관광명소이다. 근처에 위치한 동의각에 회원들은 모두 모였다. 동의각은 허준선생의 뜻을 기리고 매년 동의제를 올리고 동의축제가 열린다. 나무로 새로 지어진 동의각은 깨끗하고 아주 신성한 장소였다. 사방이 산으로 가려져 경치는 이루 말할 수 없었다. 마당에 돗자리를 펴고 시낭송회 및 월례회를 하기로 하였다.

고요한 산속에서 평소 애송해 오던 "해바라기 연가"를 낭송해 보았다. 저절로 낭랑한 맑은 목소리가 나왔다. 회원들의 시낭송이 차례로 이어졌다. 모두 자연에 도취 된 듯 표정들이 환해 보였다. 좋은 장소에 시가 더해지니 어찌 아름답지 않겠는가!

간단한 공지사항으로 월례회는 마무리되었다. 마지막까지

수고해주신 사무국에게 감사하다. 회원들을 위해 정말 수고를 많이 하셨다.

짧은 시간이지만 나를 둘러본 하루였다. 그동안 직장도 그만두고 병원 다닌 후에 처음 나들이였다. 갑갑했던 마음 속 일들이 사라졌다.

세상살이는 항상 비교하고 비교 당한다. 나보다 부족하고 불행한 사람에게 비교해 위안을 받기도 하고, 훨씬 나은 사람에게 비교해 많이 노력해야 함을 종종 느끼며 살고 있다. 사람은 자연과 더불어 살지 않으면 살아 갈 수 없다. 흙에서 와서 흙으로 돌아가는 것이 인간일 것이다. 다리가 뻐근해 오며 살갗이 찝찝했지만 그리 기분이 나쁘지 않았다.

화창했던 낮과 대조적이게 어둠이 내려앉는다. 얼음골에서 집으로 돌아오는 길에 친구가 보내온 문자 내용 중에 특별히 와 닿는 게 있었다. "세상을 보는 창의 크기에 따라 느끼는 정도가 다르겠지만 지금의 내 창은 방향도 크기도 가늠할 수 없다. 깊은 산, 깊은 계곡 어디쯤에서 모자란 듯 아쉬운 듯 그만큼 일 것 같다. 피하려고 숨으려고 하지 않아도 적당히 보일 수 있고, 드러내고 어시대도 지나치지 않으면 되지. 욕심도 걱정도 적당히 하면서 살자. 큰 창 큰 하늘 넓고 높은 그곳에서 온 마음으로 포용하고 사랑하는 사람은 그 넓이와 그 부피만큼 행복감도 풍족하겠지" 라고 보내왔다. 내 옆에 내 마음과 닮은 친구가 있어 흐뭇한 미소가 피어난다.

손제문 作.

2부 향기

커피 한 잔은

주전자에 물이 뽀글뽀글 끓고 있다. 주전자 주둥이에서 나오는 수증기는 하얀 뭉게구름을 그린다. 언제인지 뭉게구름의 뜨거움에 놀란 적이 있다. 하지만 겨울에는 뚜껑 주변에 수증기 방울모양이 온화하게 드리운다.

커피 향을 맡고 싶었다. 아주 큰 머그잔에 커피 2스푼 그리고 설탕과 프리마를 넣어 끓고 있는 주전자에 든 물을 부었다. 부드럽게 저어준다. 커피와 뜨거운 물이 만나면 향이 더욱 진해진다. 온 집안 가득 향으로 그윽하다. 커피 잔을 들고 소파 쪽으로 가서 앉는다. 조금의 시간이 지날수록 뜨거운 커피에서 따뜻한 커피로 변한다. 먼저 향을 마시고 따뜻한 커피를 마신다. 벽에 걸린 그림액자 속으로 들어가 주인공이 되기도 하고 누군가를 생각하기도 한다. 빨리 커피를 마시는 편이다. 왜냐하면 커피가 없어진 잔의 온기를 손으로 감싸기 위해서이다. 머그잔 몸통을 꼭 잡고 있으면 아주 따뜻하고 아늑함을 느낀다. 커피를 마시는 시간보다 머그잔 몸통을 잡고 있는 시간이 길다. 이 순간 많은 생각들이 스쳐간다. 커피 잔의 온기가 사라지면 모든 생각들이 지워지기도 한다.

커피 향기는 어느 누구의 비위에도 거슬리지 않을 것이다. 내가 제일 좋아하는 커피는 헤이즐넛 커피이다. 향이 좋아 커피 가루를 방향제로 쓰면 은은한 향이 춘곤증을 줄여준다. 헤이즐넛 커피를 먹으면 잔잔한 행복감에 마음이 날아갈 것 같이 맑은 기분이 된다. 커피의 진한 향을 인생에 있어 30~40대의 바쁜 시절에 비유하고 싶다. 가장 강한 열정으로 앞 세대와 뒤 세대의 다리역할을 하는 이른 중년이다. 최고의 향을 나타낼 때 우리는 커피 맛이 좋다. 향이 좋다고 말한다. 인간의 한 평생에서 가장 강한 향기의 이미지로 살아가는 중년은 그 속에 강한 매력을 지니고 있다.

그래서 지혜롭게 살아가는 것이 아닐까! 때로는 자신의 향기로 여러 사람에게 위안을 주기도 한다. 가장 적당한 향기의 동반자는 따뜻함이다. 커피가 향기로운 향기를 풍길 때는 뜨거운 물이 동반 된다. 그렇지 않으면 향기가 나지 않을 것이다. 뜨거워야 제대로 된 커피 맛이 우려진다. 나의 동반자도 따뜻한 정을 잃지 않는 가족이 아닐까 여겨진다.

얼마 전 몸이 아파 입원 생활을 하게 되었다. 그 병원을 들어서면 입구에 커피점이 있어 병원 전체를 커피 향으로 가득 채운다. 병원에서 소독 냄새가 아닌 은은한 커피향이 코를 자극하니 기분이 오히려 전환되었다. 자기의 병명에 기운이 빠진 환자도 있고, 병원에는 좋은 일로 온 것 보다 힘든 일로 온 사람이 많다. 그나마 이들에게 은은한 향은 조금의 치료제 역할을 하지 않을까!

원두커피는 잿빛하늘에 기분까지 우울한 나에게 부드럽고 깊은 유혹을 했다. 보통 우리는 아메리칸 스타일로 연하게 머그잔에 가득히 채워 마신다. 달콤한 설탕과 쿠키를 곁들이면 기분이 더욱 좋아진다. 병원에서 커피에 누가 그리 애정을 쏟을까 하지만 생각을 좀 달리하면 병상에서도 일상에서 했던 것처럼 그렇게 할 수 있다. 나의 몸을 고민하는 시간에 커피와 대화를 나누어 보라. 나의 몸이 빨리 회복되는 기분이 든다. 커피 향기의 힘이 나의 기분을 맑게 해준다.

커피 한 잔이 참 필요한 때가 있다. 비가 오는 날이다.
나 혼자 있으면 더욱 커피가 그리워진다. 그윽한 커피 향을 음미하면서 친구를 생각하는 것이다. 즐거운 만남보다 아픔이 있는 이별이 떠오른다. 그 친구도 커피를 아주 좋아하는 친구였다. 아마 즐거움을 더해 주는 것 보다 커피는 그리움, 외로움을 달래주는 존재이다. 그러니까 위안이 되는 것이다. 커피 잔을 두 손으로 감싼다. 귀로는 음악을, 눈으로는 창밖을 두드리는 비를 보면서 옛날 친구들을 떠올려 본다. 한 잔의 따스함이 아주 긴 시간들을 이야기 해주고 사라진다.

커피 한 잔은 나를 둘러보게도 한다. 만나고 헤어짐에 이것은 빠질 수 없는 무기이다. 흔히 사람들은 만날 일이 있을 때 '커피 한 잔' 하자고 이야기 한다. 두 사람을 묶어주는 역할도 한다. 젊은 시절에는 분위기 좋은 카페에 리필을 주는 곳으로 만남을 잘 정했다. 어떤 커피숍은 오래 머물지 못하게 딱딱한 의자로 바꾸기도 했다. 마음에 드는 디제이가 있는 음악다방에 하루 종일 주저앉아 옷은 커피 향, 담배 향으로 절어있을 때가 많았다. 커피 값을 아깝게 여길 때는 그 장소에서 아주 긴 시간을 보내고 돌아온 적이 있다. 만남을 아름답게 이어주는 커피 한 잔은 참 필요하다. 요즈음은 커피 종류도 많이 다양해져 만남의 색깔도 각양각색이다. 처음 접하는 향기며, 드레싱 된 커피를 보면 먹는 방법도 각기 다르다. 손쉽게 먹을 수 있는 자판기 커피는 종이컵에서 색 다른 멋을 느낀다. 커피 한 잔은 하루 생활에서 빠질 수 없는 음료이다. 많은 사람들의 기호품이 되었다.

글을 쓴다는 것은 힘든 일이다. 그런 작가들 옆에 놓여진 커피메이커는 익숙한 풍경이다. 글을 쓰는 작업을 할 때 친구처럼 애인처럼 그 사람을 가장 잘 위로해 주는 커피 한 잔은 작가들에게 힘든 글쓰기 작업을 덜어준다. 한 잔의 커피에서 고독의 달콤함을 맛보면서 그들은 지금도 쉬지 않고 작품을 만들어 가고 있다. 그들이 있기에 우리가 사는 세상은 메마르지 않고 정이 감돈다.

한 작품에 오래도록 머물수록 작가와 커피는 인연이 깊다. 느리게 한 모금씩 음미하면서 쓴 작품은 작품을 읽는 이에게 진한 감동을 안겨다 줄 것이다. 글쓰기 작업이 고독하기에 커피가 있는 자리에서 마음을 울리는 뭔가가 떠오를 것 같다.

미국 작가 헤밍웨이의 작품 〈누구를 위하여 종은 울리나〉에서 커피는 사랑의 마음을 잘 나타내고 있다. "당신이 아침에 눈을 뜨면 커피를 가져다 드릴게요."라고 주인공을 좋아하는 마리아가 이렇게 말하며 사랑을 표현한다. 아름다운 작품 속에는 작가가 나타내지 못한 그 무엇을 독자는 읽을 수 있다.

커피 한 잔은 나의 생활에서 이젠 창조의 힘을 가르쳐 주고 있다. 지금 이 순간에도 하얀 머그잔에 갈색 빛을 띤 액체에서 여린 김이 모락모락 올라오고 있다. 한 밤의 고요함을 같이 나누는 친구가 되어 버렸다. 지금 흰 원고지를 채우는 일, 손가락을 움직일 수 있는 힘을 하얀 머그잔에서 솔솔 불어 넣어 주고 있다. 오늘밤은 더욱 옆에 오래 두고 이야기 하고픈 따뜻한 동행이다. 좋은 글을 쓰고 싶은 마음은 간절한 소망이다. 사랑하는 사람을 안을 때, 사랑하는 사람에게 안길 때 아주 포근하고 달콤한 기분이 들도록 표현할 수 있는 그런 글을 쓰고 싶다. 우리는 가장 흔하고 친근한 곳에서 행복을 발견 한다. 지금 무봉사의 새벽 기도를 알리는 타종 소리가 내 귓전에 맴돈다. 아침운동을 나온 부지런한 사람들의 발자국 소리도 들린다. 이러한 사연들을 하얀 종이 위에 담아 보련다. 은은한 향기를 전하는 소박한 이야기보따리를 많이 간직하며 살아가련다.

짧은 여행

박경리 선생님 운명 후로 소설 '토지'의 근원지이자 문학의 고장인 경남 하동을 다녀오고 싶은 생각에 사로 잡혔다. 몇 번을 다녀온 곳이지만 다시 찾아가 보고 싶은 충동을 느꼈다. 불혹의 나이에 접어드니 나의 몸에서도 쉬어가라는 빨간 신호등이 켜진다. 어디론가 훌쩍 떠나 여행하면서 나의 내면에 잠재된 잃어버린 또 다른 나를 발견하고 싶었다. 중년의 나이 이기에 생길 수 있는 용기인지 만용인지 확신이 서질 않았다. 하지만 걱정하는 가족들의 눈초리를 모큰척하며 최참판댁이 있는 하동으로 향했다.

아침 공기는 상큼했다. 익숙한 길이라 집을 떠나는 두려움은 없었다. 평소엔 잘 들리지 않던 고속도로 휴게소에서 커피 한 잔을 마시는 여유도 부렸다. 고속도로를 달리는 차들은 목적지에 빨리 가고 싶은지 내 차를 앞질러 달린다. 처음 도착한 곳은 하동 송림이었다. 여름 한철 울어대는 매미소리가 나를 반겼다. 따가운 햇볕을 모자로 가리고 공원을 한 바퀴를 돌았다. 가족들이 모여앉아 풀밭에서 즐겁게 식사하는 모습이 여기저기 보였다. 솔 그늘진 벤치에는 연인들이 어깨를 기대어 사랑을 속삭이고 있었다. 순간 낯선 곳에서 혼자 고독한 산보를 하는 내가 초라하게 느껴졌다. 공원을 끼고 유유히 흘러가는 섬진강. 강변에 끝없이 펼쳐진 모래가 따가운 햇빛을 받아 금빛으로 반짝거리고 있었다. 모래사장을 볼 수 없는 곳에 사는 나는 새로운 세상에 온 듯한 기분이 들었다. 맨발로 따가운 햇볕으로 달구어진 모래를 밟아 보았다. 발바닥에 전해지는 후끈함이 온몸으로 전이되어 머리가 아팠다. 뜨거운 모래찜질이 몸에 좋을 거라는 기대가 한순간에 무너져 얼른 모래사장을 빠져 나왔다. 솔숲 아래 그늘진 벤치에 앉아 섬진강을 따라 펼쳐지는 경치를 즐겼다. 아름다운 강변의 운치어린 풍경을 카메라에 담았다. 송림 숲을 뒤로하고 승용차에 올랐다. 갈증이 나면 물을 마시고 심심하면 라디오 방송에 귀 기울이며 고즈넉한 분위기에 젖어들었다. 더없이 맑은 공기는 나의 기분을 상쾌하게 만들었다. 왕복 2차선 도로 변에는 붉은 백일홍이 활짝 피어 화려한 자태를 뽐내고 있었다. 정겨운 시골 도로는 가고 오는 차량이 뜸해서 좋다. 강과 어우러진 작은 동산, 금빛 백사장, 재첩을 캐는 아낙들의 모습이 한눈에 들어왔다. 어느 화가의 그림 속 풍경 같다. 강어귀에서 재첩 캐는 이들의 검게 탄 얼굴이 건강해 보인다. 강한 햇빛을 멀리하는 나와는 비교되는 그런 모습이다. 몸과 마음이 지쳐있는 나에게 부러움의 대상이 되었다. 서로 알지는 못해도 눈길을 마주하지 못해도 나는 그 사람들의 삶의 모습을 짐작할 수 있다. 재첩을 캐는 사람들은 이런 일이 생업이라 벗어나고 싶어도 그렇게 하지 못한다. 아름다운 섬진강에 생활 터전을 마련했으니 어쩌면 행복한 천직인지 모른다. 나의 눈에는 건강한 섬진강 사람들의 삶의 모습이 오히려 평화스러웠다. 옛날 두치강은 왜구의 주요 침입지로 살벌했지만 지금은 사람들의 휴식처로 고스란히 잘 보존되고 있었다. 잔잔한 강물에 노를 저어가는 사공이 그리워지고 역사속의 많은 사건들이 스쳐 지나간다. 그렇다. 지금 나는 섬진강과 사랑을 나누며 이야기 하고 있는 것이다. 처음으로 가족을 떠나서 아주 마음에 드는 편안한 친구를 만난 느낌이다.

섬진강을 따라 가는 풍요로운 여행길은 얼마 전 수술한 자국을 깨끗이 소독해 주었다. 그래 모든 걸 날려버리자.
내 몸 속에 절여있는 노폐물을 저 푸른 섬진강물에 던져버리자. 내가 이렇듯 가벼워지는데 여행이 어찌 반가운 친구가 아니겠는가. 여유가 없어도 떠날 수 있는 용기가 필요함을 실감했다. 혼자 여행하는 것, 그것은 또 다른 나를 발견하는 계기가 될 수 있는 삶의 여유이다.

소설 "토지"의 무대가 되었던 최참판댁은 평사리에 있는 전통가옥이다. 사랑채, 안채, 행랑채, 사당 등 아흔아홉 칸 규모의 양반가옥과 초가집을 옛 모습에 가깝게 재현해 놓았다. 나는 마치 내가 소설 속의 최참판댁 아씨가 된 것처럼 마당을 이리저리 걸어 다녔다. 고가의 멋스러움에 우리 조상들의 예지를 새삼 느낄 수 있었다. 과연 역사는 많은 것을 남기고 가는구나 하는 생각이 들었다. 최참판댁에서 뒤편으로 더 오르면 평사리 악양들판을 한 눈에 볼 수 있는 고소산성이 자리하고 있다. 이마에 송글송글 맺힌 땀을 닦으며 천천히 올라갔다. 하늘은 눈부셔 위를 올려다보기가 힘들었다.

정말 가슴이 탁 트인다. 바둑판 모양의 악양들판, 멀리서 바람에 실려 오는 매암 차밭의 녹차 향이 싱그럽다. 낙원이 따로 있으랴. 분명 이곳이 천국이요 지상낙원이다. 캔 녹차를 마시며 들판을 자세히 내려다보았다. 올려다보는 경치도 좋지만 평사리의 들판을 내려다보는 것이 더 경이롭게 느껴진다.

과연 대하소설의 역사무대로 손색이 없는 곳이었다. 박경리 선생님의 문학 작품에 조금이나마 다가 가보고 싶은 마음이다.

점심을 먹어야 했다. 점심시간이 많이 지났다. 이곳에서 쉽게 먹을 수 있는 재첩국을 먹기로 했다. 친절해 보이는 아주머니가 있는 식당을 택했다. 정말 혼자 식당에 가본 기억이 별로 없어 용기가 나질 않았다. 그러나 중년이 되니 용기가 생기는 건지 남을 의식하지 않고 맛있게 먹을 수 있었다. 깔끔한 재첩향을 입안에 느끼며 허기진 배를 채웠다. 금강산도 식후경이라 하지 않았던가. 난 하동의 말없는 자연의 친구들에게 정신이 팔려 시간가는 줄 몰랐다. 청학동으로 향했다. 지리산 자락이라 흐르는 물소리와 새소리가 어우러져 끊임없이 이어졌다. 세속에 물들지 않은 청정지역이다.

오늘밤은 나 혼자 자야 한다. 근처에 방을 잡았다. 조금 두렵기도 했지만 너무 홀가분한 기분이었다. 짐을 내려 두고 두 팔을 벌려 누운 채로 천장을 한참 바라보니 온몸의 피로가 사라지는 느낌이 든다. 그러나 그것도 잠시다. 갑자기 마음이 허전해지며 남겨두고 온 가족들의 모습이 떠오른다. 어느새 눈물이 귓속에 흘러 들어왔다. 눈물을 닦으며 일어나 앉았다. 낮에 카메라에 담았던 사진들을 돌려가며 눌러 보았다. 섬진강변의 아름다운 자연풍광이 친구처럼 느껴진다. 오늘은 나만의 세계에서 나를 위해 행동으로 실천한 특별한 날이었다. 낮에 긴장된 몸을 풀려고 잠을 청했다.

가족생각이 나 지갑 속에 든 가족사진을 보면서 전화를 걸었다. 딸애가 전화를 받는다. 꼬치꼬치 캐묻는 딸의 질문에 울먹인 음성으로 대답했다. 전화를 오래할 수 없었다. 정말 많은 걱정거리들이 내 마음 속에 자리 잡고 있었다. 쓸데없는 걱정은 버리고 돌아가자. 생각이 지나치면 마음을 아프게 하여 병이 된다. 이런저런 생각으로 뒤척이다 잠이 들었다.

다음날 화개장터에 갔다. 옛날 시골시장의 모습이었다.

집에 있으면 밥을 지어야 하는 시간이다. 남의 손으로 지은 아침밥을 먹으니 분주한 가족과의 아침식사 모습이 머리를 스쳐 지나갔다. 산채정식으로 든든하게 아침식사를 하고 나니 기운이 샘솟는다.

화개장터에서 둥글레, 오가피, 이름도 모르는 뿌리, 치커리 등 보리차에 넣어 끓여 마시고, 차도 만들어 마실 수 있는 몇 가지를 샀다. 화개장터에서 쌍계사로 향했다. 긴 벚꽃길을 계속 달렸다. 활짝 만개했던 벚꽃이 하얀 꽃비를 뿌리고 있었다. 초여름이지만 늦봄의 정취도 함께 느껴지는 길이다. 쌍계사는 두 개의 계곡물이 만나는 곳에 세워졌다 하여 쌍계사라 부른다고 한다. 숲과 여러 산꽃들, 깊은 계곡,

때 묻지 않은 자연풍경을 한 눈에 담을 수 있는 아름다운 계곡이다. 절 아래에서 공양미를 사들고 쌍계사에 들렀다. 예전에는 부처님 앞에서 절하는 것이 계면쩍었는데 이젠 자연스레 행해진다. 무릎을 꿇고 엎드려 기도를 드리니 나의 몸도 마음도 홀가분해졌다. 은은한 촛불과 향냄새가 나의 마음을 차분히 가라앉게 하였다. 삼배를 하고 부처님 앞에 엎드려 머리를 바닥에 조아리고 한참 있었다. 순간 내 마음 속의 온갖 번뇌가 씻은 듯이 사라졌다.

낯선 곳으로의 짧은 여행은 또 다른 나를 발견하게 한다. 잠재된 내면의 자아발견이기에 인생의 존재가치를 새삼 느끼게 한다. 그동안 시도 해보지 못한 혼자만의 고독한 여행을 하면서 나는 많은 것을 느꼈다. 동행도 행복한 것이지만 홀로 한 여행이 갖는 의미가 더 깊은 것 같았다. 1박2일의 여행이지만 채우지 못했던 마음속의 공허감도 채우고 삶에 대한 의지와 용기를 얻은 값진 기회였다. 언제나 자기 자리를 지키는 아름다운 자연을 보고 느끼면서 건강하지 못하면 여행도 할 수 없다는 아주 쉬운 진리를 깨달았다. 자연과 무언의 대화를 통해서 긍정적인 삶의 지혜를 배웠다. 이렇게 혼자 여행을 할 수 있는 것도 돌아갈 보금자리가 기다리고 있기 때문에 가능하다는 걸 새삼 느꼈다. 평소 가족의 소중함을 느끼지 못하고 살아온 내게 좋은 아내, 좋은 엄마의 도리가 무엇인지 나 자신을 돌아보게 하는 소중한 여행이었다.

가을과 친구

가을이 되니 아침저녁으로 선선한 바람이 불어 여름 이불로는 잠자리에 들 수가 없다. 왠지 가을바람은 사람의 마음을 들쑤셔 놓는 심술을 부리는 것 같다. 겨울처럼 차갑고 매서운 바람이 아닌데도 마음이 우울해지고 허전한 기분에 빠져들게 한다. 갑자기 외로움이 왈칵 밀려와 안절부절 못한다. 일상의 삶은 가을처럼 성숙해지고, 조각난 추억의 편린이 쌓여 삶의 거름이 되고 아름다운 추억으로 남는다. 바람결에 따라 예쁘게 춤추고 있는 가냘픈 자태의

코스모스. 춤을 추다가 꽃대가 엉켜도 바람이 다시 스쳐 지나가면 제자리로 돌아온다. 코스모스의 모습은 약해 보이지만 서로 어우러져 강해 보인다. 들녘의 벼는 튼실한 씨알의 무게에 눌려 고개를 숙인 채 출렁거린다. 봄에 씨앗을 뿌리고 작열하는 여름 태양으로 알찬 결실을 맺는 곡식과 과일들은 뙤약볕 아래 땀 흘려 일한 농부의 피땀 어린 결실이다.

가을은 그리움이 켜켜이 쌓인 추억이 있어 그냥 떠나보낼 수 없는 계절이다.

오래전 내겐 글 잘 쓰는 친구가 있었다. 한 남자의 아내이자 두 아이의 엄마인 평범한 가정주부였다. 며느리, 딸, 숙모, 아가씨...... 그 친구를 부르는 호칭은 많았다. 평소 습작한 글들을 내게 보여주곤 했는데 글의 내용을 읽어보면 참 감수성이 풍부하고 마음씨가 착하다는 느낌을 받았다. 서로의 마음을 열고 오래도록 친하게 지냈으면 하는 생각을 많이 했다. 그런데 일 년 전 이혼을 하고 아이들도 남편이 데려가 갑자기 외톨이가 되어 버렸다. 정신적으로 혼란스러운 친구를 옆에서 지켜보자니 내 마음이 아팠다. 인간관계에서 그 친구는 상처를 너무 많이 받았다고 한다. 친구의 글에는 경제적인 문제들로 인하여 가까운 사람들의 신뢰를 잃은 것을 무척 마음 아파하고 있었다. 언제부턴가 나와도 소식을 끊어버렸다. 서로 먹고 살기 바빠서 인지 친구가 어려워할 때 난 친구로서 별 도움을 주지 못했다. 육체적인 상처는 병원에서 치료 받으면 낫지만 가까운 사람들로부터 받은 정신적 고통은 치유하기 힘들다.

복잡한 인간관계에서 제 나름대로의 자리를 곧게 지키며 산다는 것은 생각보다 어렵다. 그 친구 역시 나름대로 자신의 영역을 잘 지키며 산다는 것이 아름답게 사는 방법이라고 생각했을 것이다. 그러나 냉엄한 현실은 그걸 잘 용납하지 않는다. 자신의 의지대로 살게 내버려 두지 않기 때문이다. 가끔은 나 역시 잘못된 판단으로 타인의 반감을 사서 제자리를 지키지 못해 가슴앓이를 한다. 꽤 오랜 시간 혼란을 겪다가 원점으로 되돌아온다. 산다는 것에 너무 큰 의미를 부여 할게 못 된다는 것을 뒤늦게 깨닫고 내 자신을 다독인다. 외톨이가 된 친구가 빨리 예전처럼 좋아졌으면 좋겠다. 모처럼 평온한 오전시간을 가지게 되었다. 어디론가 달려보고 싶었다. 나도 모르게 낯설지 않은 곳에 닿았다.

얼마 전 친구와 가끔씩 가보았던 미술관을 찾았다. 월요일이라 관람은 못하고 미술관 주변을 할 일 없이 서성거렸다. 어쩜 난 미술 관람하러 온 것이 아니고 그 친구를 만나러 온 것이 아닌지 착각에 빠졌다. 친구도 이곳을 잊지 않고 있어 혹시 오지 않았을까 하는 막연한 기대감의 발동이었는지 모른다. 눈부신 햇살을 받으며 미술관 광장을 혼자 걸었다. 파릇파릇한 잔디사이로 놓인 넓적한 댓돌을 밟으며 친구를 생각했다. 눈앞에는 여치, 사마귀, 잠자리가 들국화 위에 앉았다 다른 꽃으로 옮겨간다. 나뭇가지 한 곳에서 잠자리 한 쌍이 하트모양의 예쁜 자태로 사랑을 속삭이고 있었다. 가을이라 볼 수 있는 사랑스런 풍경이다. 잠자리의 짝짓기도 사람들이 살아가는 모습과 닮았다. 사랑을 하면 하나가 되듯이. 생명이 있는 모든 것들은 신비롭기까지 하다.
친구는 여치를 구워 먹었던 일이며, 잠자리를 실에 매어 놀았던 이야기도 해주었다. 난 도시에서 자라서 인지 친구의 말에 흥미를 느끼지 않을 수 없었다. 항상 친구의 이야기를 재미있게 들었다. 시골에서 태어나 자연에 관해 아는 게 많은 친구였다. 그래서 난 그 친구를 자연박사라고 불렀다.

순수해 보이는 다정다감한 친구였다.

친구와 앉았던 벤치에 혼자 앉았다. 언젠가 함께 나누었던 이야기가 생각났다.

"친구야, 이 세상에서 가장 좋은 선물이 뭘까?"

"글쎄!"

"그건 말이야 한 번의 감탄에 머물지 않고 오랜 감동을 주는 것이래."

"그게 뭔데?"

"평생을 같이 가주는 '동행'이라고 생각해."

이렇게 주고받았던 선물 이야기를 다시 되새겨 보았다. 마음 한구석이 찡해왔다. 불현듯 친구의 목소리를 듣고 싶어 전화를 해보았다. 신호만 울릴 뿐 그 친구의 목소리는 들을 수 없었다. 나의 번호를 알고 일부러 받지 않는 건지 전화를 받을 수 없는 상황인지 알 수 없었다.

다시 걸어 보았지만 마찬가지였다. 한편으로는 친구에게 불행한 일들이 생기지 않길 바랐다. 메시지를 남겼다. "나 너랑 같이 왔던 미술관에 와 있어. 네가 보고 싶어서 이곳에서 널 기다린다. 빨리 올 수 있겠지. 보고 싶다."라고 전송했다. 한참을 기다려도 답변이 없었다. 제발 친구에게 나쁜 일들이 생기지 않길 바라며 미소 짓는 그녀의 얼굴을 떠올렸다.

그 친구는 가족과의 동행도 나와의 동행도 지켜내지 못했다. 그토록 동행 선물을 받고 싶어 했던 친구의 여린 마음을 이해할 것 같다. 남편과 아이들과의 동행을 차단당한 친구의 상처는 누가 치료해 줄 수 있을까. 마음이 아프다.

혼자 외롭게 그늘진 삶속에서 붙잡고 싶은 것은 과연 뭘까? 중년에 친구를 잃어버렸다 생각하니 더욱 그립다.

저만치 보이는 넓은 가을들판을 바라보면 많은 생각들을 하게 한다.

따가운 햇살에 여무는 들판의 곡식을 보면서 모질지 못한 친구의 성격이 원망스럽기만 하다. 나와의 동행을 원했던 그녀가 날 피해 어디론가 잠적한 것 같아 야속하게 느껴진다. 그때 나는 친구에게 가장 좋은 선물은 '시계'라고 했다. 시계는 거짓말도 하지 않고 정직하게 24시간을 알려주니까 가치 있는 선물이라고 말했다. 그래선지 그 친구는 나의 생일선물로 손목시계를 사 주었다. 나의 마음을 잘 알아주는 친구를 옆에 둔 것 같아 행복했었다. 나의 손에 느슨하게 드리워진 손목시계는 친구를 더욱 잊지 못하게 하는 물건이다. 내가 살아오면서 받은 어떤 선물보다도 소중하다. 동행과 손목시계는 만남과 이별을 예언한 걸까! 박물관을 뒤로 한 채 귀가 길에 올랐다. 마주 오는 차량의 호판에 내 시선이 집중된다. 혹시나 하는 생각에 친구의 차색상과 비슷하면 다시 보았다. 달리는 차창 밖으로 스쳐가는 가을색은 나의 마음을 더욱 쓸쓸하게 한다.

해마다 가을이 오면 그 친구 생각이 더욱 간절해질 것이다. 그녀가 가장 좋아하는 선물인 동행이 되어 주고 싶어서이다. 친구로부터 빨리 소식이 오기를 기다리고 있다. 종종 들렀던 미술관도 함께 거닐어보고, 밤을 하얗게 지새우며 긴 애기를 나누고 싶다. 먼 훗날 비록 우울한 추억의 꽃이 될지라도 허전한 내 가슴을 채워줄 세상이야기를 함께 나눌 그 친구가 그립다. 가을 햇볕에 그을린 건강한 모습으로 이 계절이 가기 전에 보고 싶다. 내 마음에 쌓여지는 추억들이 비록 내가 공허함을 느껴 피운 우울한 추억의 꽃이어도 소중하게 간직하련다. 이 가을 누군가 보고 싶어 하는 친구 이야기를 해오면 내가 그 친구와 함께 나누었던 아름다운 이야기를 들려주고 싶다. 그 친구와의 동행을 간절히 기원하면서......

사랑의 향기

한 줄기 소나기가 정신없이 내린 것처럼 분주한 아침 시간이었다. 남편은 직장으로 큰딸은 학교로 작은딸은 유치원으로 떠나갔다. 남겨진 것은 여기저기 늘 부러진 옷가지들, 어지럽게 흩어져 있는 책들, 그리고 딸아이가 가지고 놀던 장난감들이 아우성이다. 그들 무리 속에 나만 서 있다. 거울 속에 비친 내 모습은 지저분해 화가 난다. 기분 전환 할 시간이 된 것이다. 부엌으로 가 씽크대 친구들과 이야기 했다. 깨끗하고 반짝반짝 빛나게 해 주겠다고 말이다. 씽크대에 설거지가 산더미 같지만 더러워진 그릇을 금세 샤워 시킨다. 하나씩 줄어드는 그릇에 설거지의 즐거움을 느낀다. 그릇은 개운해 뽀드득 소리를 낸다. 그 다음엔 세탁기에서 빨래를 꺼내어 양말은 양말끼리 속옷은 속옷끼리 수건은 털어서 반듯하게 빨래 줄에 늘어놓는다. 빨래가 세제와 물로 인해 이토록 예뻐 보일 수 있을까! 사람도 목욕을 하면 예쁘게 보인다. 나의 손은 마술사, 손이 지나간 자리는 아름답고 가지런하다. 모든 집안 살림이 제자리에 반듯하게 있을 때 나의 마음은 솜털처럼 가볍다. 집안일의 즐거움을 맛본 것이다. 집안일을 신나게 즐겁도록 할 수 있는 것은 나의 사랑의 향기를 좋아하는 가족이 있기 때문이다. 독하지도 않고 싫증나지도 않는 은은한 향기, 항상 변함없는 사랑의 향기 말이다.

시간이 흘러 나만의 시간을 가져본다. 음악을 들으며 커피 한 잔을 타 향기가 없어질 때까지 천천히 마신다. 이런 일 저런 일 스쳐 보내고 나니 목 말라하는 베란다 화분에도 사랑의 물을 주어야 했다. 집안 구석구석 나의 손길을 기다리고 있었다. 난 마냥 집안의 자원봉사자인 양 하루가 바쁘고 누구의 관심도 받지 않는다. 나 혼자 산다면 이렇게 할 일이 많지는 않을 것이다. 먹고 싶으면 먹고 잠자고 싶으면 편히 자고 이처럼 분주하지는 않겠지. 자신만 생각하며 나를 위해 살면 될 것이다. 단란한 가족 안에는 복잡한 사슬들이 있어, 엄마, 아내, 며느리 등 복잡한 내가 된 것이다. 사랑의 향기도 많이 가지고 있어야 된다.

여고시절 사랑의 향기는 이렇게 기억된다. 우유 빛 피부에 성숙되지 않은 마음은 더없이 예쁘고 발랄한 여고생과 잘 어울렸다. 게다가 좋아하는 선생님의 과목은 열심히 공부하였다. 좋아하는 조용필의 "단발머리 소녀", "창밖의 여자" 노래가 흘러나오면 소리 나는 곳으로 달려갔다. 마음이 아플 때 기분이 울적할 때는 대중가요 가사는 너무나 내 마음과 똑같기도 했다. 잠자리에 들기 전 옆에 누운 동생 모르게 베개에 눈물지도를 그리고 아침에 일어나면 눈이 부은 기억이 있다. 나만이 경험 해 본 것이 아닐 것이다. 대부분의 사람은 나와 비슷했을 것이다. 마음이 가는대로 즉흥적인 작은 사랑이 있었다. 게다가 하나 정도 간직하고 있을 것이다. 결혼 전에 내가 느낀 사랑. 행복은 나만 생각하는 이기주의 사랑. 희생이 따르지 않고 받는 데만 즐거움과 행복을 느꼈다.

사랑을 가장 잘 느끼려면 아가페적인 사랑과 에로스적인 사랑을 적당하게 생활에 소비해야 메마르지 않는 생활, 최소한 재미없는 사람이 되지 않는다. 사랑은 세상 어디에서도 수호천사인양 우리를 기쁘게 행복하게 만드는 묘한 것이다. 가끔은 상대방이 나의 마음을 먼저 알아주길 바라고, 드라마 주인공처럼 멋지고 싶다.

시간이 흐르고 나의 존재가 약해질수록 로맨틱한 사랑에 쉽게 동요된다. 속상해 할 때 속상한 사람 건드리지 말자가 아니고 왜 속상해 하는지 이유를 물어봐 주는 친구가 필요하다. 거절 했을 때 한 번만이 아니라 한 번만 더 물어 봐주는 당신이 영원히 함께 해 준다면 살아가는데 더없이 감미로울 것이다. 비가 내려도 예쁜 꽃을 보아도 영화를 보아도 혼자는 너무나 부족한 것이다. 그래서 가정을 이루고 새로운 사랑을 만들어 간다.

건강한 가족이 있고 행복한 가정이 되려면 주부가 건강하지 않으면 안 된다. 텔레비전 광고에서 "대한민국 아줌마는

버스보다 빠르다."라는 경쾌한 멘트가 있다. 아들이 도시락을 학교에 가져가지 않아 도시락을 들고 젖 먹던 힘을 내어 뛰어가 버스에 탄 아들에게 전해준다. 사랑과 건강은 너무나 소중한 것이다. 내가 정성들여 지은 밥과 반찬을 가족이 잘 먹으면 내가 먹을 것이 부족해도 흐뭇하다. 잘 먹지 않는 딸아이가 "밥 조금 더 주세요."하는 소리는 정말 기쁜 일이다. 그 음식 속에는 사랑의 향기, 엄마 향기를 듬뿍 담았다. 어린 딸아이가 좋아하는 엄마 향기를 담아보았다.

엄마 향기

엄마 머리에는 장미꽃 냄새
같은 샴푸로 감았어도
내 머리는 땀 냄새가 나요

엄마 옷에는 과일 냄새
세탁기에서 같이 빨았어도
내 옷에는 포도얼룩과
김치 냄새가 나요

내가 화장실 사용하면
방귀냄새가 남는데
엄마가 다녀온 화장실은
딸기 비누향이 가득해요

엄마 마음속 향기는 포근한 봄 향기
엄마 가슴속 향기는 따뜻한 겨울 향기
난 엄마 배속에서 나왔는데
엄마를 닮지 않았나 봐요

나도 엄마가 되면
엄마 향기가 날까요?

하루를 접을 시간이 되면 이렇듯 행복을 찾아 매일 열심히 살아가는데도 마음 한 구석엔 허전함, 아쉬움이 든다.
무심코 나의 무제노트에 내 마음을 정화시켜 이렇게 옮겨 놓는다.

지금 난 부족하지만 작은 사랑의 향기를 가족에게 아낌없이 주어야 한다. 사랑의 향기는 내가 줄 수 있는 소중한 선물이다. 오래도록 작은 사랑의 향기를 지니고 싶다.

말만 들어도

주말에 혼자 목욕탕을 갔다. 목욕탕 벽에는 '빨래를 하지 맙시다.', '머리와 몸을 깨끗이 씻고 탕에 들어갑시다.'라고 크게 쓰인 문구가 몇 군데 벽을 장식하고 있다.

공중목욕탕에서 정말 지켜 주어야 할 사항들이다. 대부분이 지키겠지만 아직도 지키지 않는 사람들이 간혹 있다.

나의 옆에서 빨래를 하는 할머니가 있었다. 왠지 조금 불쾌했지만 따뜻한 물에 빨래를 하지 못했던 시절을 살아오신 나이셨다. 더운 물에 깨끗하게 씻으시는 모습이 어릴 적에 본 우리 할머니 모습과 닮았다. 애벌 씻은 후 더운 물에 담가놓고 한참 후에 또 비누칠을 하신다. 목욕 바구니에 담겨져 있는 물건들도 헹구어 담아 두었는데 한참 후 다시 헹구신다. 깨끗하게 하시는 것이 분명했다. 물도 아주 뜨겁게 해서 쓰신다. 할머니께서는 목욕탕에 붙어 있는 안내를 잘 보시지 않았을 거야! 어쩐지 옆에 씻고 계신 할머니에게 자주 눈이 갔다. 내가 할머니 나이쯤 되었을 때 모습이 상상되었다.

할머니 다리는 무릎이 많이 돌출 되어 보였고 아주 가늘었다. 상반신은 가슴도 크고 하반신에 비해 무거워 보였다. 비누 한가지로 몸을 씻고 머리도 감는다. 옆에서 보니 샴푸도 없고 흔한 여성 목욕 제품이 하나도 없었다. 팔을 이리저리 움직이는 모습이 너무 힘들어 보였다. 순간 "할머니 등 밀어 드릴까요."하고 말했다. 할머니는 "말만 들어도 고맙다"며 괜찮다고 하셨다. 잠시 후에 할머니는 나에게 등을 밀어 주겠다고 하신다. 사양하면서 할머니 얼굴을 보게 되었다. 할머니는 이렇게 말씀하신다. "늙은이 옆에는 젊은 사람은 잘 앉지도 않는데 앉아주고 등도 밀어주려고 하고 요즘 젊은 사람 같지 않다고 하셨다. 정말 말만 들어도 고맙다"고 하셨다. 어느새 할머니와 몇 마디를 나누었다. 할머니는 잘 모르는 나에게 칭찬을 하셨다. 어르신들이 공중장소에서 많은 소외감을 느끼면서 사시는 것 같았다. 훗날 허전함과 외로움을 받아들이며 나도 똑같은 노년을 맞이할 것 같다.

톨스토이는 현대에 있어서 우리가 진지하게 여길 수 있는 것이 유일하게 '노인의 모습'이라고 말했다. 그는 모든 것을 말하고 어떠한 비난이나 판단도 할 수 있고, 어떤 법칙이라도 말할 수 있기 때문에 모든 면을 향하여 열려 있는 것처럼 보인다고 하였다. 그들이 본 것은 너무도 많고 아는 것도 많아서 이미 인간의 심리를 꿰뚫고 있는 세대이다. 노인들이 젊은 세대와 가까워져야 소외감을 덜 느끼면서 살아가실 것이다. 노인을 진정으로 이해하는 모습은 아름다운 일이다.

친정어머니와는 아이들 어릴 적에 혼자 감당하기 힘들어 몇 번 같이 목욕탕에 갔었다. 아니 친정어머니께서 나를 생각해 목욕을 도와주신 것이다. 시어머니와는 같이 목욕을 한 적이 없다. 언젠가 어머니께 목욕탕 같이 가자고 하면 정말 반가워하실 것이다. 오늘 목욕탕에서 만난 할머니를 보고 마음이 찡했다. 어른을 모셔와 목욕같이 하며 등 밀어 주는 며느리, 딸은 참으로 예쁜 마음을 가진 것 같다. 자기 몸만 씻어도 기운이 빠질 텐데. 한결 밝은 표정으로 어른을 대한다. 어쩜 시어머니는 불편할 텐데 말이다. 우리 사회는 예쁜 마음과 행동을 전하는 사람들이 있어 아름답다. 비록 할머니 등은 못 씻어 드렸지만 알몸으로 주고받은 대화는 나의 주변을 둘러보게 한다. “말만 들어도 고맙다”고 해주신 할머니 마음을 조금이나마 이해한다.

1월의 의미

2009년 새해를 맞이하였다. 모두가 해돋이를 보면서 첫 소망을 되새겼을 것이다. 1월의 의미는 새로운 시작이다. 1월은 새로운 것이 많다. 새 달력, 새 다이어리, 가계부 등 새 것으로 바꾸어 놓았다. 부인할 수 없는 시작들로 가득 차 있는 한 해의 삶이 시작되었다.

특히 1월은 어떤 사실들을 확인 시켜준다. 나이가 한 살 더해지고 인생의 완성을 그리는 중요한 달이다. 10년 전인 1999년은 2000년을 맞이하는 마지막해로 기억이 생생하다.

세계인구가 60억 명 돌파되었던 해이다. 기축년 2009년이 밝았다. 십년 세월이면 강산이 바뀐다. 새해를 맞은 나의 인생은 어떻게 변해졌는지 생각하게 된다. 올해에는 어떠한 사건으로 후에 사실과 역사가 이어질지 흥미롭다.

"시작이 반이다."(A good start is half the battle)는 정말 중요한 말이다. "착수하기가 어렵지 손만 대면 반 이상을 한 것이다."는 의미이다. 1월은 한 해의 시작이다. 우리 모두에게 특별한 달이다. 아직 계획을 세우지 않았다면 지금도 늦지 않은 것 같다. 이제라도 신중하게 일 년을 채워갈 계획들로 꼼꼼히 세워보자. 깨끗한 새 달력을 볼 때면 설렘이 감돈다. 순간 이런 마음으로 1년을 보내야 할 텐데 하고 생각한다. 돋보이는 1월 달력에 또박또박 메모해둔 것도 시작을 암시한다.

새 다이어리에는 일 년 계획과 중요한 메모를 옮겨 두었다. 작은 수첩에도 다이어리 내용이 그대로 옮겨진다. 가계부에는 주부가 한 해를 잘 꾸려 나가는데 도움이 되는 정보들로 가득하다. 가계부의 권수는 나의 결혼 년차를 말해준다. 모아둔 가계부를 보니 올해는 더 잘 살아야지, 아껴야지

하는 마음이 든다. 정리하고 챙기고 관심가지는 일들은 시작과 연관성이 많다.

난, 이렇게 생각한다. 다시 시작한다는 것은 새로 태어난다는 느낌이 든다. 그 숫자가 1(일)이라고 여겨진다. 잘못 쓴 글씨를 지운 상태는 얼마나 깨끗한가! 제로의 상태에서 영원히 기억되기 위해 존재하는 것이 '1'이다. 우리 생활에 사용되는 자는 기본 단위를 1로 정한 뒤 똑같은 반복으로 눈금을 새겨 만들어져 있다. 이렇게 만든 자는 다른 대상들을 재기 때문에 '표준'이라는 개념이 있다. 무엇이든 1로부터 하나씩 차분히 풀어 가면 어려울 것이 없다. 1월을 눈금 하나에 비교해 나머지 달도 소홀해지지 않고 1년의 표준이 되는 달로 생각해보자. 우리 인간이 만든 숫자는 철학적으로도 큰 의미를 내포하고 있다.

1월의 탄생화는 와인색을 가진 앵초이다. 꽃 메시지는 강인함, 정열, 운명이다. 셰익스피어는 "요정의 여왕이 좋아하는 보석"이라 말한다. 다채로운 색을 갖고 있을 뿐만 아니라 여러 질병을 고쳐주는 힘을 가지고 있는 앵초는 6장의 꽃잎에 여러 가지 약효가 있다고 한다. 게다가 사랑의 출발에 꼭 필요한 꽃이다. 출발은 행동하는 것으로 탄생, 시작 의미가 있는 1월과 흡사하다. 1월에 태어난 사람은 탄생화의 강하고 정열적인 꿈이 있지 않을까!

새로 시작한 삶을 알차게 보내고 싶다. 나의 시작은 잘 출발되었는지 작심삼일이 되지는 않을지 염려도 된다. '시작이 반이다'를 다시 되새기며 날마다 기록하고 좋은 글을 쓰기위해 노력하려 한다. 새 노트에 이야기가 빽빽하게 채워지고 성숙해졌으면 한다.

아름다운 봄

봄꽃들이 활짝 피었습니다
예쁜 노란색 개나리
화사한 분홍색 벚꽃
우아한 하얀색 목련
아름다움 맘껏 보여주고 나면
우리에게 초록의 편안함을 가져다줍니다

4월은 나들이하기 좋은 계절입니다. 들과 산으로 울긋불긋 옷을 갈아입은 자연을 가까이 하고 느끼고 싶어서 도시락을 준비해 즐겁게 나섭니다. 어떤 가족은 등산을, 어떤 연인은 산책을, 어떤 모임은 봄 소풍을 각기 다른 사람 다른 모습으로 봄나들이를 나섰지만 봄을 맞는 따뜻한 기분은 모두다 한결 같으리라 생각이 듭니다.

우리에게 아름다움을 맘껏 보여주기 위해서 자연은 추운 겨울 내내 웅크리며 많은 인내를 했을 것입니다. 비단 꽃과 나무들만의 이야기가 아닙니다. 앙증맞은 야생화며 우리의 원기를 도와주는 산나물, 쑥, 냉이...... 어김없이 봄이면 그 자리에 찾아와 주는 자연은 참으로 고맙고 신비로운 존재입니다. 우리 인간은 신비로운 존재들을 탐하고 욕심을 냅니다. 쑥과 산나물을 캔답시고 얼마의 시간이 지나면 그 주위를 볼품없이 짓밟아 벌거숭이를 만들며, 산짐승들의 먹이가 될 열매들도 따와서 우리 생활에 많이 이용 합니다. 자연한테 먹는 것에도 위안을 받으며 보는 것에도 미소를 자아냅니다. 개나리꽃 앞에서 찰각 사진을 찍으며, 벚꽃 꽃길을 걸으며 사랑이야기를 나눕니다. 봄철 내내 꽃구경과 봄 햇살아래 행복해하는 우리들의 모습 또한 아름답습니다. 이처럼 자연은 우리 인간들을 아름답게 만들어 줍니다. 여기서 머물지 않고 꽃이 지고 나면 싱그러운 초록의 편안함을 가져다줍니다. 아름다운 시선을 편안함으로 가져다주니 정말 소중한 자연입니다. 하지만 우리의 삶은 어떤가요? 많은 사람들을 위해서 자기 몸을 희생하기가 쉽지 않습니다. 타인을 위하지 않더라도 개인의 이익을 위해 상대에게 피해만 안줘도 질서가 무너지지 않고 상막하지 않을 텐데, 우리 사회는 살인을 하고 강도짓을 직업삼아 일컫는 사람들이 많이 늘어나고 있습니다. 사회가 살벌합니다. 자연에서 많은 것을 얻고 생활하는 인간이 자연을 닮았으면 얼마나 좋겠습니까! 자연이 아닌 인위적인 사회는 정말 노력해야 되나 봅니다.

봄 햇살과 봄바람을 벗 삼아 벤치에 앉아 있으니 오래된 친구가 생각납니다. 서로가 좋아할 때는 인간도 한 송이의 아름다운 꽃이 됩니다. 서로에게 잘 보이고 싶고 잘해주고 싶고 편안하게 서로의 마음을 읽어 주기도 했습니다. 하지만 어떠한 이유였는지 만나지 못합니다. 살다보니 만나고 헤어지고 반복하나 봅니다. 봄이 다시 찾아오듯이 사람은 추억의 꽃을 계절별로 색칠해 인생의 노트에 그려둡니다. 봄날의 추억을 전해줄 오래된 친구가 있으면 여러분도 편지 한 장 적어 우체통에 넣어 보세요.

자연은 아무런 대가없이 사람들에게 많은 도움과 안식을 끊임없이 어김없이 쏟아 줍니다. 항상 제자리를 지키는 자연과 사람은 아름답습니다. 올해도 약속한 듯이 찾아온 봄 소식에 감사합니다.

보리밭~ 추억, 향기

오월의 보리밭에
사랑하는 사람과 동행 해 보세요
싱그러운 보리향기가 불어와
사랑을 재촉합니다
동행할 수 있다는 것은
최고의 선물입니다

오월의 들판은 녹색카펫을 깔아놓은 듯 안정되고 평화스럽습니다. 멀리서 바라본 넓고 넓은 보리밭은 멋들어지기도 하고 우아해 보였습니다. 마치 맑은 푸른 바다가 육지로 일부 여행 온 듯 즐거워하는 표정이었습니다. 때로는 바람이 불면 출렁거리는 모습이 부드럽다 못해 새로운 색깔의 카펫을 만듭니다. 출렁거리는 모습은 춤추는 여자의 허리통과도 닮았습니다. 코끝에서 멀리 있는 싱그러운 보리 향기가 날아와 나를 유혹했습니다.

깨끗한 자태, 향기에 반해서 보리밭에 다가갔습니다. 쪼그리고 앉아 한참 바라보았습니다. 보리 한 포기에 이삭이 달린 모양은 치밀하고 신기했습니다. 이삭은 꽃줄기가 나와 생긴 것이며 긴 까끄라기가 있었습니다. 한참을 보고 있으니 비록 한해살이의 곡식이지만 한 생명이 살아가는 지혜를 엿보고 있는 것 같았습니다. 그 속에는 인간이 살아가는 계획된 모습과 유사한 여운이 맴돌고 있었습니다. 보리(barley / Hordeum. vulgare)는 씨알이 6줄로 배열되어 있고 이삭축에 v자 모양으로 이삭이 달리며 각 마디에는 작은 이삭이 3개씩 붙어있습니다. 작은 이삭에는 씨알이 되는 작은 꽃이 달린다 합니다. 높이(키)는 1m정도이며 마디가 높고 원줄기는 둥글며 속이 비어있습니다. 잎은 어긋나고 나란히 맥 입니다. 한 이삭에 15~20개의 보리알이 붙어 있습니다.

보리하면 보릿고개 추억이 생각나시는 분이 많이 계실 겁니다. 굶주림을 밥 먹듯이 하였던 4~5월 춘궁기를 일컫는 말입니다. 저는 보릿고개를 잘 알지 못합니다. 부모님으로부터 듣고서 공감하게 되었습니다. 그때의 부족함을 오월의 추억으로 되살려 지금의 오월에 보태어 보십시오. 게다가 "보리밭"이라는 가곡은 힘들었던 어린 시절을 옛 생각나게 합니다. 한국전쟁이 한창이었던 때에 어린 시절의 보리밭을 회상하면서 박화목 시인이 한국인 정서에 맞는 아름다운 시를 만들어 윤용하 선생님이 작곡을 해서 만들어진 곡입니다. 그 시대의 가장 서정적인 시가 노래가 되어 우리들 귓가에 맴돌고 있습니다. '보리밭 사이 길로 걸어가면 뉘 부르는 소리 있어~......' 허무와 회환을 털어내며 우리의 심금을 울리는 가곡입니다. 지금의 나는 토속적이고 정감 있는 보리밭에 머물러 있으니 기쁩니다.

푸른 오월에 보리밭에 한 번 다가가 보십시오. 사랑하는 사람과 동행해 보세요. 싱그러운 보리 향기가 불어와 사랑을 재촉합니다. 동행할 수 있다는 것은 최고의 선물입니다. 오월은 여러 사람들이 스쳐가는 달입니다. 자상한 부모님이, 사랑스런 아이가, 옛 친구가, 인자한 은사님이 생각납니다. 소중한 사람들입니다. 인생의 동행이며 동반자입니다. 사람들은 이 아름다운 사연들을 자연 앞에서 맹세하고 다짐합니다. 사람과 자연은 떨어져서 살아가지 못합니다. 지금 당신 앞에 사랑이 없다면 메마르고 힘들 겁니다. 보리밭 녹색 카펫위에서 옛 생각을 그리며 나눌 수 있는 동행이 있으세요. 있다면 오월에 최고의 선물을 받은 겁니다. 탐스러운 보리밭 사이 길의 주인공이 되어 싱그러운 향기 맡으며 간직하고픈 추억하나 만들어 두십시오. 가슴이 저절로 부풀어 올라 즐거워집니다.

소중한 땀방울의 향기

같은 몸짓 수천 번
아니 셀 수 없어라
포기하고 싶은 마음은
열정과 희망을 가졌기에
두 손 불끈 모은다
방울방울 흘린 땀 눈물에 비유할까!
고난의 땀방울은 역사적 감격이어라

가끔은 높은 하늘과 햇살이 눈부셔 가을이 온듯합니다. 들판에는 벼가 여물어가고 대추나무에는 아직 연두빛의 열매가 주렁주렁 달려있습니다. 조금만 있으면 농부의 땀방울이 수확의 결실로 황금빛과 붉은빛으로 가득할 겁니다. 얼마 전 태극전사들의 소중한 땀방울인 금메달, 금빛으로 물든 뜨거운 올림픽의 향기를 전하려 합니다.

베이징 올림픽에서 대한민국은 7위의 성적을 거두었습니다. 이번 7위는 1위보다 값진 것이라 생각됩니다. 행운의 숫자 7위는 2008년 베이징 올림픽이 가져다 준 행운이기도 한 것 같습니다. 중국에서 올림픽 경기가 열렸던 도시의 수가 7곳이라고 합니다.

중국에서 '부자가 된다'는 의미가 있는 행운을 상징하는 숫자 '8'은 그런 의미에서 이번 올림픽 개막시간도 2008년 8월 8일 8시 8분 8초에 맞추어 개막 되었습니다.

나비가 없으면 세상의 꽃들을 볼 수 없듯이 최선과 열정을 다하는 선수들이 없었다면 올림픽을 지켜볼 이유가 없을 것입니다. 우리 선수들이 땀 흘리는 경기는 스포츠가 아닌 묘기로 마음이 조마조마하여 지켜보기가 힘들었습니다.

선수들이 흘린 땀방울의 향기는 북경에서 내가 있는 밀양까지 고스란히 전해왔습니다. 선수들의 이마와 가슴에 맺힌 땀방울은 어떤 보석 보다 빛나는 보석입니다. 금메달도 값진 것이지만 은, 동메달도 금메달을 더욱 돋보이게 하는 옥 같은 보배입니다. 올림픽의 향기는 지구촌 구석구석 까지 전해졌습니다.

우리 밀양은 배드민턴으로 유명한 곳입니다. 금메달, 동메달은 기억에 남을 성적입니다. 우리 고장 출신의 선수가 세계에 훌륭한 성적을 남겼습니다. 더없이 기쁘고 축하해줄 일입니다.

배드민턴은 경기장 한가운데 네트를 쳐놓고 라켓으로 셔틀콕을 바닥에 떨어지지 않도록 쳐 넘기고 받고 하는 경기입니다. 가벼운 라켓과 가벼운 셔틀콕은 우리가 쉽게 즐길 수 있도록 하는 스포츠입니다. 우리 아이가 다니는 초등학교에서는 무료로 방학 동안에 수업을 받기도 했습니다. 쉽게 접할 수 있어 대중적인 운동이 되어 버렸습니다. 밀양의 꿈나무들이 올림픽의 주인공이 되었으면 하는 바램입니다.

소중한 땀방울의 향기가 세계 속으로 퍼져 내 삶이 온통 가득합니다. 태극전사들의 노고에 감사하지 않을 수 없습니다. 하루에도 같은 훈련, 같은 동작을 매번 반복하며 메달을 목에 걸기까지는 셀 수 없는 반복을 하였으리라 봅니다.
중도에는 포기도 좌절도 있었지만 열정과 희망을 가졌기에 개인적인 영광, 국력을 과시 해주었습니다. 방울방울 흘린 땀방울은 뜨거운 눈물이 되어 역사에 기리 남으리라 봅니다.
올 가을의 향기는 올림픽이 있었기에 더없이 소중한 향기로 이어질 것입니다. 우리의 삶도 매번 반복되지만 나만의 은은한 향기를 간직한 그런 인생을 살고 싶습니다.

추석의 맛과 향기

들에는 햇곡식 향기가
산에는 햇과일의 향기가
가을바람을 타고 옵니다
풋풋한 맛, 달콤한 맛
한가위 보름달에 담으면
추석의 맛도, 향기도
넉넉합니다

추석은 결실의 계절인 가을이 다가 왔음을 느끼게 합니다. 가을의 들과 산에는 풋풋한 맛, 달콤한 맛이 가을 바람을 타고 우리에게 넉넉한 향기를 전합니다. 우리 고유의 명절에 햇곡식과 햇과일로 조상께 차례를 지냅니다.
정말 아름다운 풍습입니다. 올해는 태풍도 없어 풍요로운 결실의 추석을 맞이할 수 있었습니다.

추석을 "한가위"라고 합니다. 한은 '크다'는 뜻이고 가위는 '가운데'란 뜻입니다. 음력 8월의 한가운데 있는 큰 날입니다. 오곡이 풍성하며 한가위 보름달이 뜨는 명절이기 때문에 특별한 날입니다. 일 년 동안 농부가 정성들여 기른 곡식을 차례 상에 올리니 아름답고 감사합니다. 조상에게 성묘하는 모습은 고유의 의미가 있습니다. 게다가 강강술래는 추석 밤에 잘 어울리는 전통적인 민속놀이입니다.

나의 어릴 적 추석을 추억해 보려 합니다. 어머니께서는 대목장을 보신다면서 며칠 동안 시장을 바쁘게 다니십니다. 먼저 건어물을 준비하시고 생선도 조금 일찍 사서 손질하십니다. 조기를 최고로 여겨 큰 걸로 사서 소금에 절입니다. 다른 생선들과 같이 철사로 고리를 만들어 빨래 줄에 늘어

하얀 보자기를 덮어 물기를 말립니다. 과일은 배 하나, 사과 다섯 개, 몇 가지 과일들을 홀수로 준비하십니다. 차례 상에 올리는 것은 평소 사먹지 못하는 상품이며, 그냥 먹을 과일은 약간 흠이 있는 걸로 준비해 추석날만큼은 평소 보다 먹을 간식이 많았던 걸 기억합니다.

작은추석 밤에는 가족들이 옹기종기 모여앉아 쌀가루를 익반죽해 송편을 만듭니다. 보름달송편, 반달송편, 초승달송편 등 식구 수만큼 송편모양이 다양합니다. 동생이 만든 송편은 때가 묻었는지 흰색이 아니었던 것 같습니다. 어머니께서 만든 반달 송편은 여러 모양의 송편 중에서 돋보입니다. 송편모양은 그 사람의 솜씨와 성격이 그대로 나타나 보입니다.

추석빔으로 사주신 새 옷과 새 신은 밤잠을 설치게 합니다. 머리맡에 두고 자다가 일어나 한 번 더 보고 자곤 했습니다. 기다려지고 설레는 날입니다.

난 어릴 적 추석이 가난해도 지금 생각하니 행복했던 것 같습니다. 추석 며칠은 학교에서 돌아오면 먹을 것이 있어서 신났습니다. 요즘 우리 아이들은 풍족합니다. 평소에도 과일을 마음대로 먹으며 생선에 파리가 앉지 않게 말리는 모습도 보지 않았을 겁니다. 송편을 직접 만들면서 가족들과 이야기 나누기도 힘들 겁니다.

시간이 지날수록 간소화 되어 가는 형식, 방법들이 있다 해도 본질만은 변화하지 않았으면 합니다. 가을에는 결실의 기다림으로 자연에서 많은 이로운 것을 얻을 수 있어 추석이 넉넉합니다. 풍요롭고 넉넉한 자연의 몸짓은 우리의 마음을 편안하게 합니다.

가을이 오는 소리

가을이 오면
쪽빛하늘은 끝없이 높고
고운 햇살 드리우면
들판은 황금빛 드레스입고
사과나무는 노을빛에
빨간 알몸 수줍어하니
가을이 오는 소리에
세상은 온통 아름다워라

찬 공기가 피부에 와 닿는 시월의 아침입니다. 계절이 바뀔 때면 아니 가을을 맞을 때면 허전하고 외로움이 드는 것 같습니다. 아마 찬바람 때문일 것입니다. 찬바람 때문에 낙엽이 떨어지니, 가을바람은 심술쟁이 바람입니다.

가을풍경은 이르지만 이미 마음은 가을이 오는 소리 듣고 싶어 근처의 일자봉(산정산)으로 향했습니다.

긴 옷차림의 가을 색을 입고 가벼운 마음으로 올랐습니다. 가을산은 화려한 꽃은 볼 수 없지만 차분한 여인의 분위기가 느껴집니다. 일자봉은 참 재미있는 산입니다. 한등산로를 한참 오르면 다시 일정한 두 갈래의 길로 나누어집니다. 정상까지 두 갈래로 나누어지는 길이 여러 군데며 어느 길을 선택해도 매력이 있고 내려올 때 다른 길을 택해도 됩니다. 가파른 길이 이어지고 나면 완만한 길이 기다리고 있습니다. 오름길에서 등에 땀을 흘리면 가로수길 같은 등산길을 만나 땀을 말려줍니다. 산을 오르는 사람의 근육을 긴장시켰다 풀었다 기분 좋게 합니다. 그리고 시민들이 많이 이용하고 있습니다.

일자봉은 소나무가 가장 많았습니다. 소나무 밑에는 솔잎이 갈색 옷을 입은 채 뿌리를 감싸기도 하고 다른 식물의 가을 옷이 되어주기도 했습니다. 밤나무 밑에는 알밤을 빼낸 밤 집이 옹기종기 모여 있었습니다. 간간이 억새풀이 가늘게 흔들립니다. 어떤 나무 밑에는 겨울을 준비하듯 적당히 낙엽이 쌓여있는 곳도 있습니다. 길에 떨어져 신발에 밟히는 낙엽소리는 가을이 오는 소리였습니다. 간간이 부러진 가지는 옆 나무에게 햇볕을 많이 받을 수 있게 양보한 것처럼 보입니다. 산에는 여러 종의 수목과 옹달샘, 아름다운 목소리의 새가 사이좋게 이야기하며 살아가고 있습니다. 산은 하늘을 지붕 삼아 햇빛과 비를 취하며 우리에게 좋은 산소를 아끼지 않고 줍니다. 산은 아무 말 없이 사계절 내내 사람들을 반깁니다.

오백사개의 나무계단을 올라 정상에 도착하니 그림처럼 펼쳐진 마을 모습은 정겹습니다.

쪽빛하늘은 저만치 높아져 있고, 고운 햇살 드리운 들판은 영롱한 빛으로 그늘져 눈이 부셔 감탄이 절로 나옵니다.

고속도로의 자동차 달리는 모습은 무엇보다도 질서를 잘 지키는 아름다운 장관입니다. 찬바람은 시원한 바람으로 변해 나의 마음을 관통합니다. 높은 곳의 공기는 더욱 신선합니다. 사람들의 얼굴 표정도 저마다 건강해 보입니다.

가을이 깊어 갑니다. 결실의 빛깔은 우리의 마음을 꽉 채웁니다. 벼를 베어낸 들판이 허전해도 사과나무에 사과가 없어도 가을의 짙은 색과 그윽한 향기가 있어 우리의 마음이 풍요롭습니다. 가을이 오는 소리 들어보세요. 세상은 온통 아름다움으로 가득합니다.

손제문 作.

3부 사랑

3부 사랑

시간

시간! 시간은 운명이다. 평소 모닝콜은 6시 30분이다. 오늘 모닝콜은 30분 당긴 6시로 맞추었다. 밀양에서 진주에 오기 위해 미리 계획해 둔 시간이다. 10시에 맞추어 도착하기 위해 신경을 써야한다. 초행길인데다 직접 운전을 해야 하기 때문에 긴장되었다.

이처럼 시간 숫자의 의미는 한 사람을 목표에 도달할 수 있게 채찍질 해준다. 하루의 시간을 먼저 시작하는 사람, 늦게 시작하는 사람 분명 그에 따르는 대가는 차이가 있을 것이다.

'나'라는 존재는 세상을 살아가는데 얼마의 시간을 필요로 하는 것일까? 정말 운명처럼 정해져 있을까! 만일 정해져 있다면 제대로 활용하지 않으면 뜻 깊은 세상을 살지 못할 것이다. 시간의 귀중함을 모르고 나의 운명을 마감할 것이다. 그러고 보니 시간도 잔인한 의미를 갖고 있다.

누구에게나 시간은 공평하게 주어진다. 여느 때는 시간의 소중함을 모르고 생활한다. 매사가 미리 준비, 계획하지 않으면 시간에 쫓기게 된다.

지난해 12월 달은 12달 밖에 안 되나 싶었다. 39세에서 40대로 넘어가려니 마음이 안절부절 했다. 나만 조급해 하고 수다를 떠나 싶었다. 이젠 불혹의 나이를 맞은 지 10개월이 되었다. 바늘 침은 더욱 빠르게 움직였다. 나의 마흔 살 시간대에 적정하게 맞추어 생활하려 한다.

머리에는 흰 머리카락이 보이고 눈가에는 주름이, 혈색 없는 누런 피부, 젊은이들에게는 찾아 볼 수 없는 요소들이 나에게 찾아왔다. 그대로만 받아들일 수 없다. 시간은 언제나 변함없이 정확한 간격을 두고 움직인다. 나도 문제없이 변함없이 하루를 충실하게 살면 지금 나의 모습이 돋보일 것이다. 그렇다 생활에 스스로 용기가 생긴다.

외면적으로 시간의 흐름에 부인할 수 없어 변하고 잃은 것이 있다면 얻은 것도 많이 있다. 나의 보금자리인 가정이 있고 내가 사랑하는 남편과 아이들, 이것은 시간이 가져다 준 내 생애의 최고의 선물이다.

시간의 순리에 순응하지 않았다면 마음이 텅 빈 인생을 살 것이다. 지금까지의 시간 중에 쫓기는 시간, 지겨운 시간, 무서운 시간, 즐거운 시간 정말 다양한 시간들을 보내왔다. 순탄한 시간만 보내왔다면 앞으로 시간을 맞이할 때는 자신이 없어질 것이다. 분명 닥쳐올 50, 60대 시간은 40대 시간보다 더욱 지혜롭게 요리해야 한다. 사람은 동물과 달리 시간이 지나면 초라해지고 볼품없어 보인다.

하지만 이성이 있어 초라해진 겉모습을 잘 다듬어 후배들에게 본보기가 된다. 몇 달 전 초조하고 불안했던 감정들이 지금은 좀 사라졌다. 시간이 지나가고 세월이 흐름으로 해서 나를 둘러보았기 때문이다. 시간을 적절히 잘 사용하는 방법을 터득한 것이다.

그것은 현재에 충실하고 최선을 다하는 방법이 아닐까! 지금은 최선의 수단과 방법으로 나의 마음을 시간의 비행기에 실어본다. 종이비행기를 날려 보내기 위해 온갖 정열을 쏟고 있다. 푸른 소나무와 잔잔한 남강을 벗 삼아 한 장의 종이를 차곡차곡 써내려 간다.

시간이 지날수록 속이 후련해지는 이유도 현재의 시간을 잘 활용한 덕택이다. 나의 40대 시간을 저 높은 가을하늘에게 이렇게 말하련다.

'하이얀 종이 위에 시간의 흔적을 남기고 싶다.'고 말이다.

사랑의 보따리

전화가 걸려왔다. "여보세요", 엄마다" 친정 어머니였다. 내일 바쁘지 않으면 친정에 다녀가라고 하셨다. 주말에 가보지 못해 선뜻 그렇게 하겠다고 대답하였다.
자세한 이야기는 내일 하자면서 전화를 끊으셨다.

다음날 남편 출근시키고 아이들 학교 보내고 일찍이 서둘러 친정이 있는 부산으로 향했다. 친정어머니는 내가 직장을 그만 둔 뒤로 낮 시간에 가끔씩 부르신다. 낮 시간을 여유 있게 나를 위해, 누구를 위해 쓰니까 쫓기는 기분 없이 편안하였다. 출근시간이 지나서인지 도로는 한산하고 여유로웠다. 장맛비가 오락가락하는 하는 틈을 비집고 나온 햇빛은 눈부시고 강했다. 도로변 가로수들은 깨끗한 초록색 옷을 입고 춤을 추고 있었다. 가로수를 벗 삼아 달려갈 수 있는 친정이 있어 즐겁지 아니한가! 어느 듯 목적지에 도착했다. 승강기 입구부터 고등어조림 냄새가 진동을 했다.
'혹시 친정에서 나는 냄새 일까!' 추측을 하면서 승강기를 탔다. 잠시 후 어머니, 아버지는 반갑게 맞아 주셨다. "어서 오너라." 어머니께서 말씀 하셨다. "당신, 아 손에 든 것 빨리 안 받고 뭐 하요." 어머니는 아버지를 다그치신다. 아버지는 묵묵히 나의 손에 든 짐을 받아 주셨다. 어머니는 항상 아버지의 느린 행동이 마음에 안 드셨나 보다. 역시 친정에서 풍겨 나온 고등어조림 냄새가 분명했다. 어머니의 이마에는 땀이 송송 맺혀 상차리기에 바쁘셨다. 압력밥솥에서는 김빠지는 소리가 나며 가스 불에서는 된장찌개가 뽀글뽀글 끓고 있었다. 잠시 후 점심 한 상을 차려 주셨다. 완두콩 섞어 지은 밥에 고등어조림, 상추쌈, 짭짤하게 끓인 된장찌개, 금방 버무려 양념 맛이 그대로인 김치를 준비해 한상 가득 찼다. 시집가기 전 평소 내가 좋아하는 반찬들이다. 매번 같은 반찬이어도 내가 친정 가는 날에 항상 준비 해 두신다.

첫 숟가락의 밥이 입안에 사르르 녹는 기분이었다. 온다고 아침도 제대로 먹지 않았을 텐데 먹고 더 먹어라 하시면서 내 앞으로 반찬을 밀어 주신다. 같이 드시는 아버지께 미안했다. 허겁지겁 맛있게 밥 한 그릇을 비우고 어머니 성화에 못 이겨 더 먹었다. 정말 부러울 것이 없는 따뜻한 밥상이었다. 자식 밥 먹는 모습만 보아도 흐뭇해하시고 밥 먹다가도 부족할세라 자꾸 일어나신다. 정말 고마운 일이다. 난 어머니를 위해 어머니께서 나에게 신경 쓰는 절반도 신경 쓰지 못하고 살았다. 부모와 자식 사이는 부모가 한 갑절 아니 그 이상 자식을 사랑하고 보살피고 염려한다.

누군가 말했듯이 사랑이란 아홉을 주고도 하나를 다 주지 못해 가슴 아파하는 것이라고 했다. 우리 어머니 마음이 그러하시다. 먹은 밥상을 치우려 해도 친정에 왔는데 편하게 있어라 하시면서 물도 떠 주고 차도 주고 과일도 직접 깎아 주신다. 마흔이 넘은 지금에 어머니의 따뜻한 사랑을 받을 수 있다는 게 행복했다. 어머니 역시 나이 들고 병들면 밥 한 끼 해주지 못하니 지금이 행복하다 하신다. 어머니께서 건강해서 감사하고 고마웠다.

배도 부르고 부러울 게 없어서 인지 낮잠이 찾아 왔다. 어머니는 이불을 펴고 내가 즐겨 베는 베개를 주신다. 옆에 앉아 오빠, 올케이야기, 동생들이야기, 이런 일 저런 일 이야기 하신다. 큰딸이라고 하소연도 하고 친구처럼 의지도 하신다. 조금이라도 어머니의 대화 상대가 된다면 나도 효도하는 기분이 든다. 어머니 이야기는 구수한 게 끝이 없었다. 나도 모르게 눈이 감겼다. 어머니 이야기가 자장가가 되어 버린 것이다.

난 얼마 전에 대학병원에서 수술을 받았다. 그래서 어머니의 마음이 아프신 것을 알고 있다. 건강을 잃으면 모든 걸 다 잃어버린다는 것을 알았다. 직장도 계속 다니지 못하고 먹는 음식도 조절하고 운동을 하면서 몸을 신경 써야 한다. 소 잃고 외양간 고치는 격이 되어 버렸다.

예전보다 더 우울하고 답답해 할 때가 많다. 이런 마음을 어머니는 아시는지 잠자는 나의 손을 만지며 심지어 주물러

주신다.

"이렇게 약해서 어디 쓰겠노. 자신을 위해서 살아라. 엄마가 너를 위해 날마다 기도하고 있으니 빨리 낳을 생각해라. 안 먹고 안 입고 아껴도 누가 알아주지 않는다. 밥 먹고 살만하면 자신도 돌보고 살아라. 건강해야 돈도 벌지." 하시면서 흐느끼신다. 순간 코끝이 시려오며 마음이 싸늘해지는 느낌 이였다. 어머니의 말씀과 사랑의 손길이 잠자는 나의 눈을 뜨지 못하게 아니 눈물을 흐르게 한다. 당신 육신이 고달파도 자식에게 모든 걸 아끼지 않으신다. 한숨의 낮잠에 이 세상에 하나뿐인 어머니표 사랑 이불을 덮고 흐느꼈다. 마음속으로 당신께 답변 해 드렸다. '지금까지 지켜 주시고 나의 버팀목이 되어 주시니 고맙다'고 소리 없이 대답해 드렸다.

어머니는 냉장고 앞으로 가신다. 뭔가 열심히 챙기신다. 밑반찬 몇 가지를 비닐 팩에 담으신다. 참기름, 깨소금을 기름집에서 짠 것과 또 직접 볶은 깨를 챙기신다. 장마철에 김치 담기 힘들다고 열무김치 한 통과 여러 가지를 챙겨 한 가방 싸 두었다. 그리고 내가 일어나기를 기다리고 계셨다.

자리에서 일어나 이불을 정리하고 어머니가 계신 거실로 나왔다. 보따리 두 개가 나란히 현관 앞에 놓여 있었다. 내가 가지고 갈 것이었다. 어머니는 보따리 내용물에 대해 반찬 보관 방법도 설명 해 주시고 어떻게 하라면서 자세하게 설명하신다. "내일 니 생일이제. 찹쌀 한 되와 쇠고기 국 끓일 것 같이 넣어 두었다. 생일 밥 안 해 먹으면 인덕이 없다." 고 한다. 아침에 해서 먹으라고 말씀하신다. 생일 밥 지어 나의 밥그릇에 가득 담아 한 번에 못 먹으면 밥그릇 비우지 말고 그대로 뚜껑 덮어 두신 것이 어머니의 방식이시다.

생일날 밥그릇을 비우지 않아야 복이 있다고 하셨다. 나도 살림을 하면서 가족생일 밥을 어머니의 방식대로 따라 해 왔다. 나는 생일을 잊고 있었다. 직접 생일 밥을 해 먹기도 어떨 때는 귀찮아했는데 어떤 방법으로든 어머니는 나의 생일을 귀띔 해 주셨다. 그러니까 한 번도 빠진 적 없이 챙겨 주셨다. 오늘 친정에 다녀가라는 이유도 생일 때문이었다. 어머니께서 안 계시면 생일 밥 의미는 매일 먹는 밥과 다를 바 없을 것이다. 빛나는 보석보다 어떤 선물 보다 어머니의 정성이 담긴 보따리가 값진 생일선물이다.

아버지 어머니는 짐 보따리 하나씩 들고 나의 차에 실어 주셨다.

“조심해서 가래.” 하시면서 손을 흔드신다. 아버지, 어머니를 뒤로한 채 집으로 향했다. 조수석 바닥에 놓인 두 보따리를 한 번씩 쳐다보면서 운전을 했다. 보따리 속에서 가끔씩 반찬 냄새도 나고 어머니 향기도 나는 것 같았다. 나는 두 개의 보따리를 “사랑의 보따리”라고 혼자 중얼 거렸다. 언제까지 사랑의 보따리를 선물 받을 수 있을까! 선물을 받고 기쁜 것 보다 친정어머니의 아리한 사랑이 나의 가슴을 무겁게 짓누르는 것 같았다. 어머니가 계셔서 느낄 수 있는 사랑을 소중히 간직하련다. 어머니 오래 사세요.

친정어머니

친정에 갔었다. 어머니께 휴대폰을 구입해 갖다 드리고 사용방법을 알려 주기위해서 친정나들이를 하였다. 친정은 부산이고 내가 사는 밀양에서 차를 타고 50분가면 도착할 수 있는 곳에 있다. 그리 멀지 않아 일이 있으면 자주 다녀오곤 한다. 어머니께서는 휴대폰을 바꾸고 싶으신지 이런 이유를 대셨다. '휴대폰이 상대방 말이 잘 안 들리고, 장기고객이라면서 휴대폰 공짜로 바꾸어 준다고 문자가 들어온다'고 어머니는 여러 번 말씀하신다. 그 소리를 듣고 가만히 있기가 그래서 통신회사에 연락을 하고 유심 칩 값만 지불하고 새로 받게 되었다. 어머니께서 사용하고 계시는 휴대폰은 영상통화가 되지 않는 기종이었다. 한편으로는 얇은 슬림형을 원하시는지도 모르겠다. 어른들께서는 ARS의 기계음을 잘 알아듣지 못하고 메뉴를 선택해야 하는 복잡함이 있어 멘트를 듣고 처리하기를 꺼리신다. 우리가 286세대라면 어머니는 컴맹세대이다. 학생들 못지않게 휴대폰을 가지고 싶어 하셨다. 그래서 10년 전 생일선물로 휴대폰을 해드렸다. 중간에 한번은 잊어버리시고 그때도 내가 마련해주어 어머니는 당연히 나에게 얘기하신다. 답답해하시는 우리 어머니를 내가 도와드리고 싶었다.

친정현관문을 들어서니 아버지, 어머니는 일회용 비닐장갑을 끼시고 거실바닥에 신문지를 펴 놓은 위에서 고구마줄기를 빼기고 계셨다. 나에게 줄려고 텃밭에서 기른 고구마줄기를 빼기고 계신 것이다. 그냥 주면 오래두어 빼기기 힘들다고 미리 손질해서 주신다. 아버지께서는 옛날 같으면 하시지 못한 일이지만 이젠 우리를 많이 위해주시고 어머니와 마음을 맞추시는 편이다. 선풍기를 틀어 놓고 신문지를 발로 누르고 앉은 자세가 일하기 싫은 아이 모습이다. 오래 앉아 있으니 다리가 아프신지 이리저리 펴가면서 빠르게 손놀림을 하신다. 여름철에는 고구마줄기 반찬이 맛있다. 삶아서 볶아 먹어도 되고, 맑은 젓국에 버무려 먹어도 괜찮다. 난 삶아서 고등어 조림할 때 냄비밑바닥에 깔고 갖은 양념해서 중간 불에 조리면 그 맛이 일품이다. 자랄 때 어머니께서 해준 반찬이라 내가 살림을 해도 어머니 따라 해먹는다. 친정을 갈 때면 맛있는 어머니 손맛을 맛보고 온다.

난 어머니 옆에 앉았다. 휴대폰에 가족 전화를 단축키에 입력하고 어머니께 설명하였다. 친구 분들이 많이 생겼는지 주문하시는 전화번호도 있으시다. 우리 형제는 1남3녀 이다. 사위, 며느리, 딸 모두 입력하고 몇 가지 쉽게 다룰 수 있는 부분을 설명해주었다. 손에 낀 일회용 비닐장갑을 벗으면서 흰색 휴대폰을 만져 보신다. 기분이 좋으신 것 같았다. 영상통화키를 눌러 어머니 얼굴을 보이게 해주니 신기해 하셨다. 휴대폰에 교통카드를 달아드리고 휴대폰충전기도 달아드렸다. 첫 통화로 내 휴대폰으로 어머니께 전화를 걸어 통화키만 누르고 받는 방법을 알려 드렸다. 어머니 옛날 폰은 폴더

이기 때문에 폴더를 열고 받아야 했다. 새 휴대폰에 빨리 익숙해져 어머니 손에 익었으면 한다.

휴대폰에 대해선 내가 조금 많이 알아도 어머니께서 고단수인 것이 있다. 어머니의 살림노하우 살림의 지혜를 들을 시간이다. 고구마 줄기를 다 빼기고 이젠 파를 까신다. 지금부터는 어머니와 같이 파를 깐다. 난 눈물을 흘리며 까는데 어머니는 그렇지 않은 것 같다. 파를 손질하면서 보관방법을 일러주신다. 씻어서 양이 많으니까 오래 두고 먹을 것은 물기를 빼서 어슷썰기를 해서 냉동실에 보관하라고 하신다. 그렇게 해두면 반찬을 할 때 바쁘게 파를 까고 하지 않아도 되고, 음식이 끓으면 바로 넣어 먹으면 된다고 하신다. 호박잎도 줄기에 까칠한 심줄 부분을 빼기고 한 잎 한 잎 개어서 씻으라고 하신다. 호박잎 쪄서 쌈해 먹는 것을 좋아하는데 친정어머니는 알고 계신다. 멸치젓국에 땡초를 잘게 다져넣고 마늘을 넣어 갖은 양념한다. 호박잎쌈에 먹으면 밥 한 공기는 쉽게 비운다. 어머니께서는 텃밭을 일구어 각종 야채를 계절별로 키워서 자식들에게 주신다. 밀양은 부산보다 야채들을 쉽게 구할 수 있어도 다 사먹어야 해서, 어머니께서 지어놓으신 텃밭의 야채들을 가지러 종종 간다.
오히려 더 비싸게 여겨져도 어머니의 정성을 인정해드리고 싶고 얼굴도 뵙고 싶어서 이다. 맛있는 밥까지 지어 주시면 진수성찬 부럽지 않은 밥상이다. 잠시나마 어머니의 친구, 자식이 되어주고 돌아온다.

친정을 갈 때면 아버지 드릴 막걸리와 어머니께는 그동안 반찬을 챙겨주셨던 빈 그릇 안에 어머니께서 필요로 할 것들을 넣어간다. 복날이거나 여행을 가실 때는 잊지 않고 있다가 용돈을 조금씩 드린다. 시간이 갈수록 잘 해드리고 싶은데 잘 하고 있는지 모르겠다. 큰딸인 나는 어머니의 젊은 친구가 되어 살아계시는 동안 잘 해 드리고 싶다. 사람 관계며 사는 것들이 모두 반복되며 세월은 흘러간다. 나도 어머니 나이가 되면 어머니와 같은 행동으로 나의 딸을 대할지 모르겠다. 딸에게 자주 놀러와 달라고 부탁도 하겠지.
어머니는 가끔 어린 아이처럼 서러움을 많이 타신다. 나에게 속상한 일도 이야기 하신다. 다는 해결해 드릴 수 없지만 들어주는 것만 해도 좋아하신다. 어떤 때는 어머니께서 해결 다 해 놓으시고 웃으신다. 그래서 어머니는 해결사이고 나의 구세주이다.

어머니께서 여러 가지 야채며 밑반찬을 챙겨서 내가 들고 가기 좋도록 쇼핑백에 담아두신다. 가지고 가서 냉장고에 넣을 것, 다시 손질해서 먹을 것을 설명하시면서 나를 배웅해주신다. 어머니는 내가 시집 간지 십사 년이 되었는데 매번 같은 말씀이시다. 이번 친정나들이는 휴대폰과 어머니께서 사주신 유기농 야채를 바꾸어 온 셈이다. 주차장까지 배웅 나오신 어머니의 모습을 뒤로한 채 내가 사는 곳으로 달려왔다.

친정에 다녀와 어머니께서 시키신 대로 냉장고에 챙겨 넣고 보니 마늘 찧어놓은 것이 없다. 베란다에 가보니 마늘, 양파, 감자, 고구마 두고 먹을 저장 식품들이 가지런히 놓여있다. 일주일 정도 먹을 마늘을 가져와 식탁에 앉아서 까기 시작했다. 마늘을 까면서 이런 저런 생각이 떠오른다. 어떤 사람은 슈퍼에 갈아놓은 마늘을 사서 먹고, 어떤 사람은 깐 마늘을 사와서 찧어 먹는다고 하였다. 상황에 따라 시간이 없어 어떤 방법으로 반찬을 해도 상관은 없다. 난 마늘을 까면 하얀 속살 마늘통이 차곡차곡 쌓이는걸 보면 예뻐 보인다. 손가락은 아리지만 비늘을 깨끗이 씻어 물기를 빼는 모습도 예쁘다. 절구통에 찧어 냉장고에 보관해 두면 일주일은 뿌듯하다. 아침에 찌개를 끓일 때 편리하다. 마늘뿐이겠는가. 마른 참깨를 조리질해서 씻는다. 돌과 불순물을 제거하고 여러 번 반복해서 맑은 물이 나올 때 까지 씻는다. 작은 깨알이 물에 엉키고 떠내려가는 모습 씻기가 힘들다. 깨소금도 깨를 씻어서 볶고 찧고 정성이 많이 들어가는 양념 중에 하나다. 깨를 볶을 때 통통해지는 통깨의 모양은 신기하기도 하다. 다 볶은 모습은 색깔로 알 수 있다. 깨를 볶고 나면 가스레인지 주변은 깨가 튀어나가 지저분하지만 온통 집안은 고소한 향기로 가득하다. 친정어머니 말씀이 집에서 살림을 하는 여자는 쉽게 만들어 놓은 것을 구입하지 말라 하신다. 직접 하면서 가족들을 생각하기 때문에 정성이 들어간다고 직접 하기를 원한다. 내가 시간과 여건이 허락되는 한 어머니께서 일러주신 대로 부엌살림을 하며 실천하고 싶다.
어머니 살림비법에는 알뜰함이 있고 가족을 생각하는 사랑이 담겨져 있다.

어머니 말씀은 사람은 항상 준비성이 있어야 한다는 것이다. 부엌살림에 있어서 돈이 없어 준비 못하는 것은 말할 수 없지만, 게으른 근성 때문에 양념이니 필수품들을 바닥나고 나서 구입하는 것은 주부로서 빵점이라고 항상 말씀하신다. 생활필수품이 다 되어 가면 바닥나기 전에 준비해야 그 집 살림살이가 불어난다고 하신다. 어머니를 사랑하기 때문에 어머니를 많이 닮고 싶고 배우고 싶다. 주변의 어떤 것들도 소중히 여기시는 어머니. 난감할 때 힘 들 때 떠오르는 얼굴이다. 살림의 지혜를 전수해 주시는 친정어머니가 있어 감사하다.

나의 유월은

초록이 가장 아름다운 6월이다. 다시 맞는 6월을 어떻게 보낼까 생각해본다. 일 년 중 6월은 나에게 소중한 기억이 많은 달이기 때문이다. 밤하늘의 최고인양 광채를 내뿜고 있는 보름달에게 나를 물어보고 싶었다. 비웃어도 좋고 그렇지 않아도 좋다. 잘 아는 사이에 오가는 이야기는 달콤한 거짓이 많다. 둥근 보름달은 나의 이야기 친구가 되어줄 때가 많았다. 둥글고 꽉 찬 자태만으로도 위안이 되는 존재이다. 많은 이야기를 나누면 마음이 차분해진다.

넓은 들판에서 조용히 마음을 전해본다.

10년 전 6월은 30년 동안 찾았던 한 남자와 결혼을 했다. 깊게 알지 못했지만 나를 사랑해 줄 수 있으리라는 믿음이 보였다. 신혼여행으로 해외인 태국 땅도 처음 가 보았던 6월이다.

사랑의 결실로 허니문 베이비인 우리 큰딸을 잉태했다. 딸아이는 10살이 되었다. 바야흐로 결혼 10주년이 되었다. 나의 가정을 꾸민지가 10년이 되었다니 세월이 많이 흐른 것 같다. 석혼식을 맞아 특별한 이벤트를 마련하려 해도 근사한 일이 없었다. 지갑 속에 잠자고 있던 "세계공룡엑스포" 입장권을 쓰기위해 행사장인 고성에 아이들을 데리고 갔었다.

돌아오는 길에 통영에서 하룻밤 지내고 통영의 잔잔한 바닷가를 내려다보면서 10년 전의 나의 모습을 상상해 보곤 했다. 지금 옆에는 개구쟁이 두 딸이 나의 팔짱을 끼고 있지 않는가, 강산이 한번 바뀌는 시간이 흘렀다.

생일도 6월이다. 탐스러운 과일도 풍성하고 들판에는 모내기가 한창이고 한 폭의 수채화 같은 6월이다. 결혼기념일과 생일이 같은 달에 있으니 6월은 꽉 찬 느낌이다.

6월을 좋아하는 특별한 이유가 있다. 난 자연이 주는 선물 중에 비를 좋아한다. 가는 가랑비부터 지겹도록 내리는 장맛비까지 하루 종일 내리는 비를 지켜보고 있어도 지겹지 않다. 그만하는 생각이 들지 않는다. 창에 부딪치는 비 소리는 어느 악기로도 연주할 수 없는 감미로운 음악이다. 혼자 창밖을 보고 있을 때면 슬픈 음악 감상에 빠지는 것이다. 비는 하나의 우산 속에 두 사람을 가장 아름다운 연인으로 만들 수 있게 하는 매력이 있다. 차가운 온기를 따뜻한 온기로 만드는 그런 힘을 지니고 있다. 비도 자연에서 만날 수 있는 위안이 되는 친구이다.

한때는 우산 속 데이트를 원했다. 학창시절 우산이 없어 비 맞는 게 초라하고 낡은 우산에 짜증이 난 적도 있지만 비를 원망한 적은 없었다.

얼마 전 초등학교 동창들을 만났다. 거의 10년 만에 본 것이다. 모두들 변하지 않았다. 결혼을 하지 않은 친구도 있었다. 늦은 시간에 만나 긴 이야기를 나누다 보니 자정이 넘었다. 역시 창밖에는 천둥번개가 치면서 무섭게 비가 내렸다. 나의 외출을 축하하듯 비가 내려 빗속의 추억이 새롭게 떠올랐다. 비와 친구는 잘 어울리는 사이이다. 인적이 드문 새벽 빗길은 평소 느껴보지 못했던 감정들이 북받쳐 올랐다. 이제 마음만 먹으면 친구들을 만날 수 있게 되었다. 생활에 조금의 여유가 생겼을까!

6월은 우리 국민들을 하나로 뭉치게 해 준다. 4년 전 6월은 우리가 얼마나 기뻐하였는가! 남녀노소 할 것 없이 월드컵 이야기로 즐거웠다. 정말 신화였다. 4년 전 기운이 올해도 계속 이어져 '꿈은 이루어진다.'가 현실로 나타나는 게 아닐까!

4년 전 붉은 티셔츠가 고스란히 옷장에 보관되어 있다. 디자인과 타이틀은 변했지만 붉은 악마의 정신이 그대로 인 것 같아 입을 수 있었다. 앞으로의 경기는 지켜봐야 하지만 16강을 무난히 진출 했으면 한다. 세계 속에 대한민국을 다시 한 번 외칠 수 있게 6월이 축제의 달이 되게 두 손도 모아 보았다.

4년 전 6월 우리의 영웅 축구감독인 히딩크, 그는 대한민국의 우상 이였다.

6월에 잊지 못할 인물이 아닐는지...... 올해 6월은 불혹의 나이 마흔 살 이다. 내 생애 반을 산 느낌이 들었다.

한때는 마흔이 되기 두려워 선배들에게 마흔 살을 맞을 때 기분이 어떠했는지 물어 보기도 했다. 삼십대의 마지막 모습도 사진을 찍어 두었다. 바람에 흔들리는 갈대처럼 마음이 흔들리는 시기도 마흔 살의 나이일까! 무엇인가 인생에서 큰 성과가 없어 불안해서일까 뭔가 정리정돈이 되어야 하겠다. 시간이 지날수록 강해지는 것도 인간이요, 약해지는 것도 인간이다. 젊음을 어떻게 보냈는지가 중요할 것이다. 아이들도 크고 가정규모도 조금 안정되는 시기라고 하지만 시간이 지날수록 닥쳐올 큰일은 누구도 예측을 못한다.

어느 6월의 일요일 아침이었다. 늦잠으로 잠자리에 누워 있는 남편은 몸이 예전보다 많이 마른 것일까? 이불에 쌓인 몸이 너무 외소 해 보였다. 가족을 위해 열심히 일해 왔기 때문일 것이다. 우리 주변에는 한 집안의 가장으로 명퇴니, 사오정이니 가슴 아픈 일들이 많다. 당사자도 가슴 아프고 가족도 불안하고 가정이 불행해지면 사회가 혼란스럽다. 현실적인 문제도 마흔 살 대에 부딪혀야 하는 과제이다.

경기 불황 탓인지 '아빠 힘내세요.' 창작동요가 많이 불러져 아빠, 엄마의 두 손을 불끈 쥐게 하는 것이다. 앞으로 박차고 달려 나가지 않으면 안 된다. 남편에게도 고마운 마음이 드는 시기이다.

마흔 살을 긍정적으로 생각하련다. 인생의 정도에 서서 젊은 세대를 감싸며 앞 세대와 자연스럽게 조화를 이루는 누나, 언니 같은 존재로 말이다.

학창시절 열심히 공부하지 않았던 후회는 사회생활이 시작 되어야만 뼈저리게 느낀다. 지나고 보면 공부가 제일 쉬운 일인데 그때는 알지 못한다. 10대 마음은 20대가, 20대 마음은 30대가 되어야만 왜 몰랐을까 이야기 할 수 있다. 세월이 약이다. 틀린 말은 아닌 것이다. 경험, 애환, 고통...... 차곡차곡 쌓아져야 자신에게 맞는 인생의 설계를 할 수 있고 다른 사람에게 보다 멋진 존재로 나설 수 있다.

나이가 더할수록 겉모습은 초라해 지더라도 속은 채워져 가는 게 이성을 지닌 인간만이 가진 특권이 아닐는지, 자연 속의 미미한 생명을 가진 생물, 동물들도 마찬가지이다.

어린 생명에서 죽음의 문턱에 도달 할 때까지 변하고 변한다. 사람의 죽음은 뜨거운 진을 빼놓듯 우리의 가슴을 뭉클하게 만든다.

신록이 우거진 6월. 올해의 유월을 이렇게 그려본다.
지금껏 보지 못했던 6월의 풍경을 담아보고 유월의 자연 속에 빠져보고 싶다.

일 년의 허리에 위치한 지금 다시 나를 점검해보련다.
유월의 초록 벤치가 되어 힘들게 지나가는 이가 앉아서 휴식을 취하게 해 주련다. 때로는 소나기가 되어 복잡하고 더러운 것들을 씻어내는 유월의 구성원으로 다가 가련다.
이젠 나만 위하는 삶이 아닌 가까운 이에게도 도움이 되는 사람이 되려고 한다.

마흔 살의 초반은 사십대의 계획이 이루어 질 수 있도록 차근차근 계획하고 실천하고 싶다. 모든 일이 시작이 반이다. 노트에 기록해 가며 성취감도 맛보고 싶다. 사십대 인생의 밑거름은 30대이며, 50대 인생의 재산은 분명 40대일 것이다. 이렇게 미래를 염두 해 볼 수 있음은 세월이 흐른 탓이다.

무성히 잘 자란 100년을 먹은 나무그늘 아래는 여러 사람이 휴식을 취할 수 있다. 인간에게 안정을 주는 것은 비단 나무 그늘 뿐만 아니라 삼라만상이 다 그러하다. 나도 나의 도움을 바라는 이 누군가 손을 뻗으면 맞잡아 줄 수 있는 사람이 되도록 삶을 살고 싶다. 가족의 안락한 의자로 언제나 그 자리에 머물러 있고 기다리는 존재로 배려하겠다.

밤하늘에는 별이 총총하며 논가에는 개구리들이 합창을 해댄다. 내일 아침이면 까치가 찾아와 나를 깨워 주길 바라며 6월의 초록아침을 맞으련다.

어머니

자연은 인간에게 안식을 주고자 일 년 중 한 번은 화려한 색깔로 한 번은 수수한 색깔로 옷을 바꿔 입습니다. 다음은 평온함으로, 깨끗함으로 어김없이 변합니다. 누군가 시키고 만들지 않아도 자연스러움은 너무나 아름답습니다. 자연의 뽐내지 않은 자태를 볼 때면 생각나는 어머니, 어머니가 그리워집니다.

항상 나를 지켜주시는 어머니는 아름다운 자연과 나란히 변하고 아름다워 지십니다. 젊음은 싱싱하고 풋풋하며 깨끗해 예쁘고 아름답다고 비유합니다. 하지만 난 성숙한 어머니가 넉넉하시고 표정도 온화하여 더욱 아름다우십니다.

하지만 난 어머니를 닮아가기엔 아직 시간이 많이 필요한 것 같습니다. 몸도 마음도 기초공사가 튼튼하지 않나 봅니다.

오늘은 어머니 얼굴이 너무나 보고 싶습니다. 가까이 계시면 마음에 든 이야기보따리를 풀어 놓고 싶습니다.

여자는 시집을 온 뒤로 어머니가 더욱 그리워지나 봅니다.

두 아이의 엄마가 되었는데도 어머니가 보고 싶어 가슴이 사르르 아파올 때는 어떻게 해야 합니까? 언젠가 어떻게 해야 될지 고민되는 때가 있었습니다. 여쭤보고 해답 받아 오고 싶은 적이 있었습니다. 하지만 나의 걱정을 이야기하면 당신의 마음이 아프실까봐 가끔은 참고 그냥 돌아왔습니다. 어머니는 흔들리지 않는 큰 바위 같아 내가 올라 타 누워 보기도 하고 아주 멀리 볼 수 있게 올려주기도 했습니다. 나의 눈을 넓게 배려하도록 인도했습니다.

어린 시절 어머니에게 불만과 투정으로 짜증부릴 때 정말 마음 상하셨죠. 당신 마음에 들도록 하려고 했지만 부족했나 봅니다. 우리 형제들을 키우시면서 이리 휘청 저리 휘청

하시는 어머니를 보았기에 지금 제 마음이 더욱 아픕니다.

초등학교 다닐 때였습니다. 어린 마음에 어머니를 돕고 싶어서 선생님께 육성회비 사백오십 원을 감면 신청한 적이 있었어요. 동생은 창피한 행동이라며 꺼려했지만 어머니에게 짐을 덜어주는 방법이라 생각했습니다. 선생님께 말씀드리고 나니 가슴이 시원섭섭하였습니다. 항상 어머니를 도와주고 싶은 마음이었습니다. 어머니와 많은 시간을 같이 지냈는데 그 때는 어머니 마음이, 사랑이 얼마만큼 인지 짐작할 수 없었나 봅니다. 어머니를 찾아가면 항상 같은 자리에서 맞아주고 변함없이 사랑하시니 상록수와 같으십니다.

당신 마음을 알려면 "아이 엄마가 되어야 알 수 있다."는 말씀 종종 하셨습니다. 너무나 진리이고 명언이십니다. 자식을 낳아야 당신 마음을 읽을 수 있으니, 어머니 너무나 정화되고 깨끗한 보석 같은 존재이십니다.

학창시절 아주 쉬운 것이 공부였는데 어머니께서 기대하시는 만큼 일어서지 못한 점, 실망시킨 점들 죄송합니다.

인생에서 공부는 여러 가지가 있지만 그 때는 쉬운 일이 아니었나 봅니다. 현재의 나의 아이들에게 나의 마음과 어머니 마음까지 전해져 인스턴트가 아닌 완전한 인간미가 느껴지게 키우고 싶습니다.

결혼을 앞두고 밀양을 자주 왕래 했을 때 당신은 섭섭한 표정을 자주 지으셨습니다. 삼십년 가까이 지낸 딸을 쉽게 떠나보내고 싶지 않아서인지 많이 서운해 말씀도 잘 않으셨습니다. 어머니 마음이 왜 그렇게 허전해 지신건지 조금 알 것 같습니다.

결혼식장에서 폐백 드릴 때 흘린 눈물이 기억납니다.
절하면서 옆 사람이 손수건으로 눈물을 닦아 주던 일, 그 눈물은 어머니께 감사의 마음으로 울었던 눈물입니다. 나보다 그 때 마음 더욱 아파하신 당신 모습이 전 잊혀 지지 않습니다.

어머니께서 나의 얼굴을 닦아 주시고 자신의 눈물을 닦으실 때 여느 어머니와는 다른 사랑이 마음에 자리 잡고 있었습니다. 시집보내는 딸에게 준 값진 선물이셨습니다.

결혼생활이 차곡차곡 불어날수록 어머니께서 하신 말씀들이 애써 기억을 하지 않아도 되살아납니다. 인터넷 검색을 하지 않아도 나의 머리에 마음에 자리 잡고 있어 내가 살아가는데 많은 도움이 됩니다.

두 아이는 나를 많이 닮았나 봅니다. 자라는 아이의 행동과 습관은 가르쳐 주지 않아도 닮은 점이 많습니다.

어머니께서 하신 말씀 "나와 똑같은 딸 키워보면 내 마음을 알 것이라고 하셨습니다." 자식을 잉태해 마른자리 진자리 가려서 보살피고 혼신을 다해 키웠습니다. 나를 닮은 아이로 자라날 겁니다. 옛말 틀린 것 없다고 어르신들은 말씀하십니다. 가정을 꾸리면서 묻어나는 진리는 더욱 피부에 와 닿아 나의 생활에 지킴이가 되곤 합니다.

당신은 한 가정을 완성해 보여 주셨기에 지금 조그만 나의 가정이 어머니 가정을 닮아가려고 날마다 분주하고 새로운 일들이 생기나 봅니다. 좋은 일만 있는 것이 아니라 나쁜 일도 있어 더욱 단단한 가정으로 완성시켜 가는 중입니다. 하루를 계획하고 한 달, 일 년, 몇 년 후를 자로 재듯 기록 하셨습니다. 불안함, 흐트러짐 보여주지 않으시려고 노력해 오신 어머니가 삶 한 폭의 정돈된 그림이 되어 나에게 다가 옵니다.

얼마 전 어머니를 보고 이런 마음을 가졌습니다.

어머니 눈물

가슴이 아파서일까
목소리도 꽉 매여오고
두 눈에선 뜨거움이 뚝뚝
마음이 상해서일까
터벅터벅 걸어도
맑은 하늘이 짓궂어 보이네
지나가는 이 볼까
헛기침도 내어 보시네

당신 삶 닮을 것 같아
마음 조이시고
다시 툭툭 털어보고
높은 하늘에 마음 두시네

어머니의 마음이 슬프신 것 같습니다. 항상 나의 마음을 읽어 주시는 어머니, 바다와 같아 당신의 깊음을 다 알지 못합니다. 어머니의 존재는 마음속의 심장과 같아 어머니를 그리워하면 두근두근 거려집니다. 맹자의 어머니, 신사임당이 아니셔도 훌륭하시고 아름다우십니다. 세상에 하나뿐인 사랑이십니다.

어머니 영원히 사랑합니다.

인생은 마라톤!

벚꽃은 꽃비를 뿌리고
시원한 꽃비를 맞으며
쉬지 않고 앞으로, 앞으로
달려갔습니다
달리는 발자국 소리는
봄의 교향곡이 됩니다

지난 일요일에 합천벚꽃마라톤대회에 다녀왔습니다.

아침 7시에 출발해 1시간 30분 후에 합천공설운동장에 도착했습니다. 합천까지 가는 국도변에는 벚꽃과 개나리가 춤을 추며 노래를 하고 있었습니다. 날씨가 심술부려 비가 오리라 예상했는데 화창한 봄 날씨였습니다.

공설운동장에 모인 마라토너들은 표정도 환했습니다. 게다가 각기 다른 유니폼, 모자를 쓴 모습은 장관이었습니다. 스탠드에서 내려다보니 나지막한 산에 알록달록 봄꽃들이 다투어 핀 듯 아름다웠습니다. 정말 사람이 꽃보다 아름답다고 표현하고 싶습니다.

백리 벚꽃 길에 1만 명의 마라토너가 달리는 모습과 주변에 황강이 잔잔히 흘러 어우러진 모습은 정말 뭐라 표현하기 힘듭니다. 그 속을 달리는 기분은 이루 말할 수 없이 황홀 합니다.

마라톤은 42.195km를 달려 순위를 겨루는 경기입니다. 풀코스(42.195km)에 참가한 마라토너들은 정말 멋있습니다. 달리는 자태, 유니폼, 결승점에 도착하는 것을 지켜보고 있으면 보는 것만으로 완주의 기쁨을 같이 느낄 수 있습니다.

아마 생애의 최고의 순간이라고 말하고 싶습니다. 달리는 이의 질서는 향기나는 봄꽃과도 같습니다. 마라톤은 인간의 아름다운 약속입니다. 달리는 중 완만한 길도 만나고 때로는 내리막길, 오르막길을 만나게 됩니다. 하지만 마라토너는 불평하지 않고 쉬지 않고 앞으로, 앞으로 달려가야 합니다.
마치 도로 위를 달리는 발자국 소리는 봄의 교향곡이 됩니다. 달리는 동안 완연한 봄의 교향곡을 여러 번 연주 합니다.

중간 중간 음료수와 간식을 먹으면서 허기를 달래기도 합니다. 호흡을 하기조차 힘들 때는 살랑살랑 봄바람이 날아와 두 볼에 키스 해주고 달아납니다. 힘들고 지칠 때 자연에서 얻을 수 있는 공기, 물, 바람은 정말 소중한 존재입니다. 살다보면 어떤 어려움이 나에게 닥쳐올지 모릅니다.
어려움을 극복하는 지혜를 나는 자연에서 배우고 있습니다. 풀코스를 완주하려면 보통 2시간에서 5시간이 소요 됩니다. 그 시간동안 본인의 긴 인생을 계획하고 실천하며 달려 왔을 것입니다. 어쩌면 인생은 어떤 이에게는 풀코스를 몇 회 완주했을 것이고, 또 어떤 이에게는 수십 번 완주 했을 것입니다. 우리 인간은 흙에서 소생해 결국 흙으로 돌아간다고 합니다. 그래서 마라톤과 같이 출발점에서 시작해 결국 출발점인 결승점에 도달합니다. 우리네 인생은 한 걸음, 한 걸음 출발해서 일정시간이 흐르면 결승점에 도착해야 하는 마라톤과 너무나 닮았습니다. 완주의 기쁨에는 '인생은 마라톤이다!'라는 말이 잘 어울리지 않을까 생각합니다. 사랑하는 이와 함께라면 마라톤 완주의 기쁨은 더욱 값질 것입니다. 대회를 마치고 돌아오는 발걸음은 행복했습니다.

어머님을 닮은 아카시아 꽃

가시 돋친 몸통아리
긴 몸살을 앓으면서
송이송이 빚어낸 결정체
영원한 사랑 수놓은 듯 눈부시어라
코끝에 감기는 하얀 향기는
어머님의 진한 삶의 향기이어라

멀리 있지만 포근하고 익숙한 하얀 향기에 이끌려 추화산성으로 올라갔습니다. 가면 갈수록 코끝에 스며드는 강한 향기는 온산을 덮으며 나를 취하게 했습니다. 메마른 땅에서 이토록 울창한 그늘을 드리우며 가시 돋친 가지에 꽃잎과 잎새는 부드럽게 피어나 있었습니다.

사랑의 덩어리를 촘촘히 메달아 가지가 휘어져도 부서져도 불평하지 않았습니다. 그 모습은 어머님을 닮은 아카시아 나무. 아카시아 꽃입니다.

오월은 아카시아 향이 불어와 소중한 어머님의 사랑이 그리워집니다. 만개한 아카시아 꽃을 바라보고 있으니 나에게 들려준 친구의 소중한 추억이 떠오릅니다. 친구의 어릴 적 시골집 대문 앞에는 큰 아카시아 나무가 몇 그루 있었다고 합니다. 학교를 마치고 인적이 드문 어두운 시골길을 자전거를 타고 가는 중이었다고 합니다. 그런데 가도 가도 집은 멀고 배도 고프고 무섭기도 하였다 합니다. 그런데 어디쯤에서 부터 자전거를 타고 줄달음치는 친구의 코 속으로 들어온 향기는 친구를 편하게 미소 짓게 하였다 합니다. 대문 앞에 버티고 있는 아카시아 꽃의 향기가 친구를 반겼던 것입니다. 집에 왔다는 편안함을 느낀 것입니다. 아마 아카시아 꽃향기는 다정한 부모님의 기다림이었을 겁니다. 방안에 들어온 친구는 어머님께서 차려주신 따뜻한 밥상과 어머님의 잔잔한 미소를 마주하고 지냈던 학창시절을 들려주었습니다. 나는 아카시아 잎을 토끼에게 먹여주고, 소꿉놀이 할 때 찧어서 반찬 만들던 기억이 납니다. 때로는 친구와 가위, 바위, 보를 하여 엄지와 검지로 잎을 빨리 떨어내기 놀이를 했습니다. 그러고 나서 이긴 친구는 진 친구의 이마를 땡고 때리는 것입니다. 지금 내가 앉은 벤치에서 또 다른 오월의 추억을 만들까 합니다.

아카시아 꽃은 왕자의 그리움이 아름다운 아가씨를 만나게 되었던 꽃이라 하여 아카시아로 짓게 하고 꽃말은 "아름답고 영원한 사랑"이라 합니다. 오월을 알리는 향기 - 아카시아 꽃, 봄을 보내는 아쉬움의 흔적 - 아카시아 꽃. 자연은 말없이 아름답고 아름다워라.

가시 돋친 몸통아리에서 긴 몸살을 앓으면서 송이송이 빚어낸 결정체는 산모가 아기를 잉태해 행복해 하는 인간의 모습과 닮았습니다. 푸른 산을 수놓은 하얀 송이는 엄마 손을 잡고 있는 아이들의 모습이어라. 코끝에 감기는 향기는 어머님의 냄새, 아마 삶의 진한 향기이어라. 세상에서 가장 아름답고 영원한 사랑은 어머님의 헌신적이고 무조건적인 사랑이라 여기며 주름진 어머님 얼굴을 떠올려 봅니다.

6월의 향기는 밤꽃 향기

유월에는
향기 있는 사람이 되어
사랑하는 사람을 살포시 안아
포근한 사랑 나눠요
밤꽃 향기 가득한
유월의 이야기는
하얀 사랑 간직하고
남자의 향기 묻어나는
아련한 추억 나눠요

햇볕이 좋은 유월, 밀양의 주산인 화악산에 올랐습니다. 일 년 중 유월의 산은 가장 살쪄 보이고 진한 녹색입니다. 산에는 여러 종류의 나무와 들꽃, 들풀들이 어우러져 있었습니다.

산속의 식구들 중 유독 돋보이는 것이 있었습니다. 바로 하얀 밤꽃이 활짝 핀 밤나무였습니다. 유월의 산을 그윽하고 향긋한 밤꽃 향기로 물들이고 있었습니다.

아마 내가 본 꽃 중에서 꽃모양이 가장 긴 꽃이 아닌가 하는 생각이 듭니다. 꽃이 피기 전까지는 녹색의 단단한 막대기 모양이 하얀 깃털 모양으로 활짝 피어납니다. 밤꽃은 화려하지도 않고 돋보이지도 않습니다. 그런데 초록의 틈에 끼어 어우러져 핀 모습은 그 어떤 꽃보다 푸른 산과 너무 잘 어울립니다. 군데군데 하얀 꽃을 간직한 채 웅장하게 널버러진 밤나무는 산속의 주인인 듯 점잖아 보입니다.

어쩜 밤꽃 향기는 향긋하다 못해 비릿한 냄새가 납니다. 옛날 사람들은 밤꽃 향기를 남자의 정액 냄새에 비유해 '양향陽香'이라며 민망해 하여 밤꽃이 피는 계절에는 아낙네들이 외출을 삼갔고 과부는 더욱 근신하였다 합니다. 평소 새침하던 연인이 밤나무 숲을 산책하면 사랑을 순순히 받아들인다고 합니다. 아마도 남성적이고 포근한 밤꽃 향기에 취해서 마음이 여려지나 봅니다. 꽃말은 포근한 사랑이랍니다. 밤꽃 향기는 '남자의 향기'에 비유되었습니다.

산을 오르면 많은 생각이 납니다. 특히 높은 곳에서 아래를 내려 볼 때는 지난 추억이 생각납니다. 10년 전 '남자의 향기' 영화 속의 주인공과 포스터 내용이 스쳐갑니다.

'나는 열 살 때 한 소녀를 만났습니다. 그 이후에 나에게 하나의 이념이 되어버린 그 소녀를 위해 내 모든 것을 바치기로 결심했습니다. 목숨까지도...... 죽음과 바꾼 사람 남자의 향기' 유월의 산에 올라 메마르지 않은 나의 감정을 자연과 나눌 수 있어 다행입니다.

오늘은 밤꽃 향기를 가장 가까운 곳에서 느껴봅니다.
자연은 사람과 닮지 않은 것이 별로 없습니다. 밤꽃 향기가 인생의 향기가 되어 후에 오늘을 추억할 수 있는 사람이 되었으면 합니다. 자연처럼 향기를 전할 수 있는 그런 사람이 되고 싶습니다.

한 번쯤 유월은 향기 있는 사람이 되어 사랑하는 사람을 살포시 안아 주세요. 향긋한 밤꽃 향기를 전하세요. 사랑하는 여인은 포근한 남자의 향기를 느낄 겁니다. 햇볕이 좋은 유월에 나는 영화 속의 주인공이 되어 봅니다.

새해를 맞으며

새해에는
둥근 붉은 해만큼
완전한 사랑과 정열을
가슴에 담고 싶다
새해에는
봄, 여름, 가을, 겨울
언제나 사랑을 전하는
나무처럼 살고 싶다

2009년도 기축년 새해가 밝았습니다. 이맘때면 마음이 여러 가지로 분주해지고 모두들 새로운 희망과 소망에 찬 눈빛으로 새해를 맞이합니다. 저마다 맑고 밝은 얼굴로 마음으로 해돋이를 영원히 간직하고 살아갑니다. 자연의 무엇보다 빛나는 거룩함과 우리의 마음을 기대게 하는 큰 힘을 지닌 새해 앞에서 두 손을 모아 봅니다.

지난해는 정말 다사다난했던 해였습니다. 대통령이 바뀌고 국민의 촛불집회가 뜨거웠던 한 해였습니다. 유류값 인상, 한국 최초의 우주인 이소연, 숭례문 화재, 세계적인 화제였던 미국 최초 흑인 대통령 버락 오바마 당선은 역사적으로 잊을 수 없는 큰일입니다. 올해의 해넘이에 나의 머릿속에는 이런 저런 일을 되새겨 보며 해돋이를 기다려 맞이하였습니다.

새해 첫날 1월. 1이라는 숫자는 마음을 설레게 합니다. 많은 일들과 사실이 바뀌어 버리는 시점입니다. 기축년 1월은 소의 부지런함과 근면함을 생각해 보았습니다. 농경사회에서 소는 부를 상징하기도 합니다. 시중에는 소모양의 저금통이 많이 보입니다. 온종일 일해도 좀처럼 화를 내지 않으며 자립적이어서 가정의 안정을 뜻하는 십이지신 중 하나입니다. 기축 년에는 부자도 되시고 개인적인 번영도 맞이하시길 바랍니다.

올해의 해돋이는 해운대 바다에서 보았습니다. 바다를 비집고 솟아오르는 붉은 해는 너무 붉어 용광로처럼 뜨거워 보였습니다. 새해에서 내뿜는 붉은 기운은 바다를 물들이며 하늘을 물들입니다. 차차 둥글어 지는 자태는 감동이었습니다. 특히 새해는 더욱 커 보입니다. 가까이에서 보아서 인지, 새해가 들어올 수 있게 마음을 비워 두어서 인지 모르겠습니다. 그 힘 있는 붉은 기운이 우리의 얼굴에도 비치어 세상이 밝게 보였습니다.

일출시간 만큼은 하나 되어 모두 같은 표정이었습니다. 새해 앞에 펼쳐진 기운이 차가운 우리의 마음을 녹여 줍니다. 30여분의 해돋이는 1월 1일을 온통 다 말합니다. 높이 솟아오른 해를 뒤로한 채 돌아서는 발자국에는 모두 각자의 새해를 시작하는 소리가 들렸습니다.

모두가 새해에게 원했던 것들이 한 해 동안 다 이루어졌으면 합니다. 새해의 희망이 둥글게 잘 만들어져 용기를 잃지 않는 씩씩한 삶이 되길 바랍니다.

새해에 저마다 계획이 다릅니다. 2009년 새해에게 이렇게 주문을 걸었습니다. 새해에는 둥근 해만큼 완전한 사랑을 베풀며, 받으며 살고 싶다고 말입니다. 사랑 없이는 삶이 건조해 상막합니다. 나의 정열을 작은 가슴에 가득 담고 희망을 잃지 않는 삶을 살아 보고 싶습니다. 그리고 언제나 사랑과 향기를 전하는 큰 나무처럼 살고 싶습니다. 봄에는 따뜻함과 생명을 부르는 희망을 간직하며, 여름에는 누군가에게 휴식과 그늘이 되어 소중한 사랑을 줄 수 있는 여름 향기를 가지려 합니다. 가을은 최고의 성숙함과 아름다움을 간직한 여인으로, 겨울은 자신을 인내하며 묵묵히 서 있는 겨울나무를 닮고 싶습니다.

추억하며……

처음 앉아본 책상과 의자, 큰 모래 운동장
짝사랑한 담임선생님, 호랑이 선생님
단짝이었던 친구, 라이벌이었던 친구
보고 싶지만 소식 알길 없어라
한 장의 흑백 사진 속에서 그려본
빽빽한 옛 추억이여!

책꽂이에 차곡차곡 정리해둔 앨범 중 가장 오래된 추억을 그려보게 되었다. 졸업한 지 30년이 된 초등학교 졸업앨범이다. 앨범은 나무색이며 A4용지보다 작은 크기이다. 표지에는 '추억'이라는 글과 졸업년도, 월이 쓰여 있었다. 앨범 속에는 졸업장과 몇 개의 상장이 들어 있었다.
졸업장 크기며 상장 크기가 너무 작아 그 당시 상장은 앙증맞은 느낌이 든다.

초등학교 입학 때면 손수건을 가슴에 달고 갔다. 코가 나왔는지 흰색 손수건에 코를 닦았는지 기억이 희미하다. 손수건보다 교복 소매에 코를 닦아서 소매에 풀이 묻은 것처럼 희고 뻣뻣했다. 세월이 흘러 졸업앨범은 6학년 모습이다.
교복은 흰색 둥근 칼라이며 검정색이다. 모두가 귀엽고 소박해 보인다. 67명이나 되는 같은 반 친구들 기억이 얼굴을 보고 또 이름을 보니 더욱 또렷해진다. 게다가 15반까지 있어 지금의 초등학교와는 많이 다르다. 단짝이었던 친구는 소식을 알 수 없다. 담임선생님께는 지금도 미안한 마음이다.

잊지 못할 선물이 하나있다. 부끄럽지만 선생님께 한 가지 고백하려 한다. 스승의 날이었는데 선생님께 드릴 선물을 살 수가 없었다. 고민 끝에 이종언니가 수놓은 손수건을 담임선생님께 포장해서 드렸다. 삶을수록 새하얀 옥양목 천 손수건이다. 가장자리는 분홍색 구정 뜨개실로 작은 꽃모양이 뜨개질 되어있다. 그 손수건은 언니가 나에게 생일 선물한 것인데 아끼다가 한 번 사용했던 것이다. 그것을 삶아서 다림질하여 포장지에 예쁘게 싸서 선생님께 선물했다.
나 혼자만 알고 있는 사연이다. 어린 마음에 들켜 버릴까봐 그날 밤 잠을 설치기도 했었다. 담임선생님은 손으로 만든 것이라며 더욱 고맙다고 하셨다. 손수건에 수를 놓고 가장자리 처리하면 손때가 묻는다. 다 만든 후는 씻어서 삶고 다림질해야 깨끗하다. 선생님은 그렇게 하신 걸로 여겨 정성이 깃든 선물이라고 기뻐하셨다. 내 마음 속에는 '선물 받은 것, 한 번 사용했던 것을 주었다'는 죄책감에 선생님 얼굴을 바로 보기가 힘들었다. 지금까지도 누군가에게 선물을 할 때면 손수건 생각이 난다.

앨범 속에 끼워둔 상장 중에 누렇게 변한 생활일기상과 글짓기 대회 상이 경이롭다. 가장 쓰기 싫었던 것이 일기였는데 그때 일기장이 궁금하다. 그래도 지금 생각하면 그 시절로 돌아가고 싶다. 그때는 큰 운동장이었는데 지금은 작아져 보이는 운동장이다. 내 몸집이 작아서 크게 느껴진 그 시절을 추억하며 앨범을 몇 번이나 뒤적이고 있다. 30년이 된 흑백사진 속에는 만나고 싶은 선생님, 친구들이 미소 짓고 있다. 그들은 시간이 너무 빨리 지나가는 걸 아쉬워한다고 말하고 있다.

중년의 나이에 추억할게 없는 것은 또 하나의 고통인지도 모른다. 천정을 바라보고 누워 있을 때 쓰라린 추억하나 그려지지 않는다면 가슴이 메마른 사람이다. 사람이 한세상을 살아가는 데 있어서 좋은 추억을 많이 가졌다는 것은 좋은 보물을 많이 가진 것보다 더 무겁고 값진 것이라 한다.

왜냐하면 추억은 그 사람이 자기만의 가슴속에 간직한 누구도 모를 고적이요, 문화재요, 명승지인 까닭이기 때문이다.

축하글

이두애시인과 저는 한때 시조공부를 한 적이 있습니다. 사, 오 명으로 구성된 그룹이었는데 주로 제 저서를 읽고 의견을 교환하고 또 특별히 써 온 작품이 있으면 고칠 부분을 지적해주는 참으로 아름다운 자리였습니다. 그 모임도 이두애시인의 정성으로 만들어졌고 그래서 늘 좋은 문우를 만난다는 기쁨을 안고 그 시간을 기다리곤 했습니다.

지금도 밀양문인협회 행사라면 참석하려고 노력하고 있지만 그런 정을 갖게 해주신 많은 분들 중에서 이시인이 먼저 떠오릅니다.

이번에 수필집을 내겠다고 축하의 글을 부탁해 왔을 때 저는 그런 추억과 감사의 마음 때문에 주저 없이 받아들였습니다.

다만 몇 편 먼저 읽고 싶다는 조건을 달았습니다.

제가 그렇게 해서 읽었던 수필은 〈가을과 친구〉, 〈짧은 여행〉, 〈사랑의 보따리〉, 〈미리벌의 향기〉, 〈밀양아리랑 마라톤대회〉 등 12편이었습니다.

느낌은 한마디로 맑은 눈을 지닌 누이동생의 정겨운 고향 얘기를 듣는 기분이었습니다. 영남루 대청마루에서 읽어도, 월연정에서 읽어도, 용두목 어느 찻집에서 읽어도 언제나 같은 정감으로 다가올 것 같은 언어들이었습니다.

흔히 서투른 수필은 독자를 가르치려 하거나 지나치게 위선적인 태도를 갖는다거나 자기 자랑 늘어놓기 등으로 짜증스럽게 합니다. 수필의 가장 큰 미덕은 가식이 없는 것이고 그런 가식 없는 여러 경험들을 통해 생의 지혜를 발견하고 그런 과정에서 공감의 영역을 확보해야 한다고 생각됩니다.

이두애시인의 수필들은 그런 미덕을 고르게 갖추고 있습니다. 들떠있지 않은 문장, 섬세한 관찰력, 용기와 희망을 갖게 하는 긍정적인 가치관이 애향심과 함께 작품마다 스며있습니다. 이런 그의 미덕 때문에 성격이 다른 칼럼까지도 부담 없이 읽혀집니다.

이 수필집이 밀양시민은 물론이고 다른 지역 사람들까지 널리 읽혀져서 지루한 일상을 데우는 행복한 마음을 가질 수 있길 기원 드리며 저자와 독자의 앞날에 영광 있으시길 빕니다.

– 이우걸(시인. 전 밀양교육장)

미리벌 향기 · 1

인쇄 2009년 11월 9일
발행 2009년 11월 20일

지은이 / 이 두 애
펴낸이 / 김 창 석
펴낸곳 / 홍익출판사

주소 / 대구시 중구 삼덕3가 245-2
전화 / 053) 421-6700, 427-3627
팩스 / 053) 423-5965
등록번호 / 1987년 11월 26일 제1-107호
E-mail / hongick88@hanmail.net

정가 10,000원

ISBN 978-89-7826-201-9 03810